汉语基础与现代文学研究

王　雪　郭二灿　高巧缇◎著

吉林文史出版社

图书在版编目（CIP）数据

汉语基础与现代文学研究 / 王雪，郭二灿，高巧缇
著 . -- 长春 ：吉林文史出版社，2023.5
ISBN 978-7-5472-9449-9

Ⅰ . ①汉… Ⅱ . ①王… ②郭… ③高… Ⅲ . ①现代汉
语－基本知识②中国文学－现代文学－文学研究 Ⅳ .
① H109.4 ② I206.6

中国国家版本馆 CIP 数据核字（2023）第 101804 号

HANYU JICHU YU XIANDAI WENXUE YANJIU

书 名	汉语基础与现代文学研究
作 者	王 雪 郭二灿 高巧缇
责任编辑	陈 昊 张 蕊
出版发行	吉林文史出版社有限责任公司
地 址	长春市福祉大路 5788 号
网 址	www.jlws.com .cn
印 刷	北京四海锦诚印刷技术有限公司
开 本	787mm×1092mm 16 开
印 张	10.75
字 数	255 千字
版 次	2024 年 4 月第 1 版 2024 年 4 月第 1 次印刷
定 价	52.00 元
书 号	ISBN 978-7-5472-9449-9

前　言

在我国五千年的发展历史中，汉语发挥了不可替代的作用，中华文明通过汉语这个载体不断发展壮大。汉语基础包括语音、汉字、语法、修辞等知识，掌握这些知识有利于更好地了解汉语及其文化内涵。文学是民族文化的载体和代表，承载了文化发展和传承的任务。中国现代文学是在中国社会内部发生历史性变化的条件下，广泛接受外国文学影响而形成的新文学，对现代文学进行研究可以更好地推动文学发展。

鉴于此，笔者撰写了《汉语基础与现代文学研究》一书，全书在内容编排上共设置六章：第一章作为本书论述的基础与前提，主要阐释语言与语言学、现代汉语的规范与特点、现代汉语与现代文学关系；第二章探讨汉语的语音体系、普通话及其语流、汉字的形体与结构；第三章论述词汇的系统与规范、汉语的短语与句法、汉语的修辞与辞格；第四章是现代文学发展与深化；第五章分析现代文学研究的加减法、现代文学研究与朴学方法、现代文化研究的考证学方法；第六章突出实践性，从现代文学研究的接地性、现代文学版本研究路径、现代文学的审美性研究三个方面阐释现代文学研究的创新路径。

本书立足于汉语基础与现代文学研究的实际，先对汉语的语音、文字、语法、修辞等基础知识进行探讨，接着从实践性与创新性出发，对现代文学及其研究内容进行深化分析。全书内容丰富、结构科学、客观实用，有助于增加读者对汉语基本知识的掌握，同时可进一步推动现代文化研究的创新发展，对从事汉语基础与现代文学研究的人员具有一定的参考价值。

笔者在撰写本书时，参阅了大量文献材料，在此向各位学者表达由衷的谢意。由于笔者知识和写作水平有限，书中所涉及的内容难免有疏漏之处，恳请各位读者多提宝贵意见，以便笔者进一步修改，使之更加完善。

目　录

第一章 汉语的基本理论

第一节 语言与语言学的认知

一、语言的认知

（一）语言的意义

语言的功能主要分为社会功能和思维功能两方面，其中社会功能包括信息传递功能和人际互动功能。语言是思维工具和交际工具，它同思维有密切的联系，是思维的载体和物质外壳以及表现形式。语言是符号系统，是以语音为物质外壳、以语义为意义内容的音义结合的词汇建筑材料和语法组织规律的体系。语言是一种社会现象，是人类最重要的交际工具，是进行思维和传递信息的工具，是人类保存认识成果的载体。语言具有稳固性和民族性。

语言是指生物同类之间由于沟通需要而制定的具有统一编码解码标准的声音讯号。语言是人们交流思想的媒介，它必然会对社会、经济、科技，乃至文化本身产生影响。语言这种文化现象是不断发展的，其现今的空间分布也是过去扩散、变化和发展的结果。根据其语音、词汇和语法等方面特征的共同之处与起源关系，可以把世界上的语言分成语系。每个语系包括数量不等的语种。这些语系与语种在地域上都有一定的分布区，很多文化特征都与此有密切的关系。

（二）语言的特性

1. 符号性

符号的本质是社会的。它在某种程度上要逃避社会上某一些小集体、小圈子的意识。这是语言最主要的特征。语言是一种社会契约，一个社会接受一种表达手段而排斥另一种表达手段其实都是社会上的集体意识的习惯。语言符号是一种包含着两面性的实体。一方面，语言是表示事物的名称的，所以任何语言都是概念的映像，即具有所指性；另一方面，语言要依托声音这种媒介来表达所指，所以语言也是声音的映像，声音是语言的另一个侧面，换言之，语言具有能指性。

2. 任意性

这是指语言符号和文字能指、所指之间是一种任意的连接关系，这种关系是不可论证的，即使有的可以论证，但从普遍意义上来讲，还是不可论证的关系。不同语言有不同的音义联系，如人、刀、树、水、路、妻子、太阳、月亮……汉语的语音形式和英语的语音形式不同。

（1）语素音义关系的任意性。拟声词就是词的发音与其所描述的声音相类似，如汉语中的叮咚、轰隆、叽里咕噜，它们的形式似乎建立在天然基础之上。但英语描写同样声音的却是完全不同的词。例如，在英语中狗叫是 wowwow，而汉语则是汪汪汪。

（2）句法层面上的任意性。句法学，是指依据语法规定建构句子的方法。句子成分的排列顺序遵循一定规则，小句的顺序和事件真实的顺序有一定的对应关系。换言之，句法的任意性小于词汇，尤其是涉及真实顺序时。

（3）任意性和规约性。语言的形式和意义之间是约定俗成的关系。任意性的反面，即规约性。作为外语学习者，别人经常会告诉我们："这是惯用法。"这意味着这是一种约定俗成的说法，即使它看起来或听起来有不合逻辑之处，也不可以做任何改动。任意性使语言有潜在的创造力，而规约性又使学习语言变得辛苦。对一名外语学习者来说，语言的规约性比任意性更值得注意。

3. 二层性

二层性是指拥有两层结构的这种特性，上层结构的单位由底层结构的元素构成，每层都有自身的组合规则。

话语的组成元素是本身不传达意义的语音，语音的唯一作用就是相互组合构成有意义的单位。底层单位是无意义的，而上层单位有明确的意义，所以我们把语音叫作底层单位，与词等上层单位相对。二层性只存在于这样的系统之中，既有元素又有它们组合所成的单位。许多动物用特定的声音交际，它们都代表相应的意思。换言之，上层单位有意义但却无法分成更小的元素。所以，我们说动物交际系统没有人类语言的这种结构特征——二层性。因此，动物语言的交际能力受到了很大限制。

讲到二层性，必须注意到语言是有等级性的。我们听一门不懂的外语时，流利的说话者像是在用持续的语流说话。然而，没有一种语言的语流是连续不断的。为了表达离散的意义，必须有离散的单位，要对一门新的语言解码首先要找到那些单位。最底层的单位是由众多无意义的语音组成的片段，我们称之为音节。音节是讲话时的最小单位，是成百上千词语的片段语素的承载者，如前缀 trans 或者后缀 ism。有了成千上万的词，可以联系更多的意义，在此基础上，才可能组成难以数计的句子和语篇。

4. 创造性

创造性指语言的能产性，这来源于语言的二层性和递归性。语言比交通信号灯复杂得多，原因之一便是我们可以利用语言产生新的意义。无数的例子可以证明，词语通过新的使用方法能表达新的意思，并能立刻被没有遇到过这种用法的人所理解。这种能力正是使人类语言有别于鸟儿那种只能传递有限信息的交际手段的原因之一。

如果语言仅仅指一个交际系统，那么语言便不是人类所独有的。众所周知，鸟、蜜蜂、蟹、蜘蛛和其他大多数生物都通过某种方式交际，只是可以传达的信息极为有限，仅为很少的若干种。语言的创造力一部分来自它的二层性，我们在上面已经讨论过，即利用二重性，说话者可以通过组合基本语言单位，无止境地生成句子，大多数都是以前没有过的或没有听过的。

从另外一种意义上说，语言是创造性的，是因为它有制造无穷长句的潜力。语言的递推性为这种潜力提供了理论基础。

5. 移位性

移位性是指人类语言可以让使用者在交际时用语言符号代表时间上和空间上并不可及的物体、时间或观点。

一旦发生关乎共同利害的事情，大多数动物都会被激发出特定的反应。例如，鸟的警告鸣叫说明有突降的危险，这样的动物处于"直接刺激控制"之下。人类语言不同于动物的交际系统，它是不受刺激控制的，我们讲什么无须由外界或内部的刺激引发。蜜蜂的舞蹈展示出少许的移位性：它能指示食物源，在它回来报告时，食物源在时间和空间上是过去的和遥远的。语言使我们能够谈及已不存在或还未出现的事物。

移位性赋予人们的概括与抽象能力使人类受益无穷。词在指称具体物体时，并不总是出现在即时、形象化的语境中，它们通常为了体现指称含义而被使用。一旦谈到远离现实之物，就需要具备理解"非实体"概念的能力，如真理和美。总而言之，移位性给予我们心智的好处在于它使我们有可能用抽象的概念来交谈或思考。

6. 传承性

语言从某种意义上来看，是人类文化得以传承和储存的有效载体。因此，它在自身的发展当中，逐步体现出很强的传承性和交际性。语言的传承性是指语言以自己的风格特色吸引或者促使人们在生活、生产中自觉不自觉地通过语言这个工具直接或者间接地影响着相关的人群，或者波及更广泛的区域，达到传承的效果。另外，语言在人类社会发展当中，不仅在人与人之间、古代人与现代人之间、中国人与外国人之间储存了文明的精华信息，承担文明发展的桥梁，同时，也由于语言本身的强大交际性功能，更显示出独特的交际功能，在丰富的交际中应对各种变化，产生更加有表达力的语言，产生更多的基于生活、生产实际的意义。

（三）语言的功能

语言像任何符号系统一样，首先是为了交际。对很多人来说，交际的目的是为了传达信息。语言事件的六个主要因素，即：发话人、受话人、语境、信息、语码、接触。在交际的六个关键因素之上建立一套语言功能框架，即：所指功能（传达信息）、诗学功能（享受语言自身的乐趣）、情感功能（表达态度、感觉和情感）、意动功能（通过指令和恳求说服和影响他人）、寒暄功能（与他人建立交际）和元语言功能（弄清意图、词语和意义）。它们与语境、信息、发话人、受话人、接触和语码等元素相对应。语言有概念功能、人际功能和语篇功能。概念功能构建经验模型和逻辑关系，人际功能反映社会关系，语篇功能建立语言和语境的关系。

1. 信息功能

信息功能是语言的主导功能。语言是思维的工具，人们觉得有必要大声讲出他们的思想，如当他们在解决一个数学问题时。能够用语言记录事实是社会发展的前提，这的确是语言的一项关键功能。

在功能语法的框架里这又被称作概念功能。语言为表达内容服务：内容就是指说话者在真实世界的经验，包括自我意识的内在世界。语言为了服务内容而把这些经验结构化，帮助我们形成看事物的方式。所以，如果试图不遵循语言的暗示，从其他不同角度看待事物，是要费些脑筋的。

2. 人际功能

语言最重要的社会功能是人际功能，人们靠它建立并维持社会地位。在功能语法框架中，人际功能所关心的是语境中发话人与受话人的互动关系和发话人对他所说的话、所写的东西持的态度。例如，人们称呼他人和指代自己的方式，如亲爱的先生、尊敬的教授等显示了人际关系的不同等级。

与人际功能相关的就是身份表达的功能。例如，在足球比赛中人群的叫喊，公共集会上高呼名字和口号，安排好的观众对电视比赛的反应都是信号，表明我们是谁、我们在哪里。语言标明我们的身份：生理上是年龄、性别和声线；心理上是谈吐、个性和智力；地域上是口音和方言；伦理和社会上就是社会阶层、角色、团结和距离。

人际功能是一个涵盖非常广阔的范畴，经常在不同的术语涵盖下进行讨论。下面的施为功能、感情功能、表达功能和交感功能都强调人际功能的不同侧面。

3. 施为功能

施为功能指语言具有能够用来"做事情"的功能。在某一特定的场合，某一特定的人说出的话语就等于事情的发生或开始发生。例如，牧师、法官、元首的话。

4. 感情功能

感情功能又常在表达功能的范畴内进行讨论。表达功能能够完全个人化而不掺入任何与他人的交际。例如，一个人被锤子砸了手指甲后大叫"哎哟!"这些感叹词通常不具有跟他人交际的目的，但对于自我感受来说，却是很重要的言语反应。这样的表达感情的语言还可以是一群人的相互反应，他们想通过这样相互的言语表达以显示他们的团结。

5. 寒暄交谈

我们都会用短小看似无意义的表述来维持人们之间和谐的关系，并不涉及任何实质内容。日常性的关于天气、健康的谈话，如早上好、好天气都是叙述显见的东西。但它预示一旦需要交际渠道便会打开。不同文化在交感谈话中有不同的话题。寒暄交谈有助于确立和维持人际关系的表述，像俚语、玩笑、行话、礼节性的问候、社会方言或地域方言的转用等。

6. 娱乐功能

语言的娱乐功能常被忽略，因为其目的如此单一而用处又极其有限。但没有人会否认确有为了纯粹娱乐而使用语言的情况，如婴儿的牙牙学语、吟唱者的吟唱。在一些地区，"对歌"流传很广，一名歌唱者以一首短歌开头挑战对手，让他继续歌的内容或运用相同的节奏和韵律来回答。这样的对歌会持续好几个小时，完全是为了纯粹的娱乐而使用语言。例如，影片《刘三姐》就展示了一场对歌的情景，参与者通过语言进行游戏而获得乐趣。

7. 元语言功能

我们的语言可以用来讨论语言本身。例如，可以用"书"指代一本书，也可以用"书"这个词来指代"书"这个词本身。为了把书面文本组织成一个连贯整体，作者用特定的表述使读者明白已经被文章带到了哪里，下一步要去往何处。

（四）语言的语系

语言的谱系分类法也叫"发生学分类法"，是语言分类法之一，它根据语言间的亲属关系分为若干个语系，语系之下又按亲属关系的远近分为若干个语族，语族之下分为若干个语支，语支之下是语种。

依谱系分类法分出的最大语言系属，由具有共同历史来源的语言组成，如汉藏语系、印欧语系等。汉藏语系（使用人数最多），以中国为中心，略向西南辐射，使用人口占世界人口的四分之一，但在地理分布上较为集中。这个语系下分四个语族，即汉语族、藏缅语族、壮侗语族、苗瑶语族。

（五）语言的开端

语言的开端必须具备以下条件。

第一，人类的思维能力要发展到一定的水平。人类应该能够对客观世界的事物进行分类和概括，并具有一定的记忆和想象、判断和推理的能力，只有具备了这种心理条件，才有可能产生语言。

第二，人类要具备一定的生理条件。人类的喉头和口腔、声道必须进化到能够发出清晰的声音，才有可能产生有声语言。

第三，人类社会有了产生语言的必要。语言开端的三个必要条件缺一不可，而创造这三个条件的是人类的劳动。劳动提出了产生语言的社会需要，为语言的产生提供了心理和生理上的条件。劳动也改善了原始人的发音器官，为语言的产生提供了必要的生理条件。

（六）语言的文化

当运用语言时，我们的表达是否达到了预期的传达效果，不但受到语言本身结构的制约，还要受到语言文化的束缚。一句话即使语法和发音没有任何问题，但是用在某种情境下却词不达意；同样，有些语句听起来奇怪，但用在一定条件下确是合乎情理，是语言文化的内涵所造成的影响。因此，在语言的运用与研究过程中，不仅要研究表面孤立的语言概念，而且还要深入了解语言文化的内涵。对语言文化内涵的揭示，主要有以下方面。

第一，词语的构词反映语言的内涵。构词是指词的内部结构，语言的结构是人们认知模式、思维方式和行为习惯的体现。因此，一种语言的构词反映的是民族的思维特点。以汉语为例，比如"思"字，现在是由"田"和"心"组成，表面理解是"心田"执掌思想。由此断定我们祖先认为思由心生，并不知道人的大脑决定思维。殊不知，"思"的最早字形下面是"心"，上面是"囟"，"囟"是象形字。从其外形看来像头盖骨的汇合处，由此得出我们祖先很早就认识到思想与头脑之间的关系，揭示出大脑和心灵相通，"思"既表达思维，又传达情感，与我们今天的认识相差无几。再比如"默"字，表示的是无声、不讲话，但是，狗叫代表着嘈杂，用善叫的狗去表现寂静，无言体现了"默"字的深层内涵。"默"常用在能说而不出声，通常指能言善辩者不言语。由此看来，汉字表面上是一个符号，其深层次的文化内涵构筑了中华民族的哲学体系与国人的心理结构，反映出词语背后人们观察事物的方式与角度，潜伏着中国人的情感、习惯甚至本能。

第二，语法的内涵。词汇是语言中最活跃、最具有文化内涵的元素。语法指的是语言的组织法则，即语言的逻辑形式与结构，它不仅仅简单停留于各种语言成分、词语性质的解析上，往往还具有一定的内涵。每一种语言都有其独特的语法体系，一个民族的社会结构、生活环境、道德信仰等都可以通过民族特有的语法形式表现出来。

第三，语言的表达方式体现内涵。不同的民族、不同的文化，人们的思维方式各有差异，继而语言表达方式也随之不同。每一个民族的文化都具有各自独有的特征，这必然会投射到语言的内涵上面。

中国人在几千年的农耕文化中所形成的文化特征就是"重协调、讲仁义、偏感情、求含蓄"。尤其在思想感情的表达上讲求引而不发、含而不露，受几千年古典文化的熏陶，热衷意会。以境会意，寓情于景。而西方人的民族文化追求个性与自由，崇尚奔放、直白的表达方式。

第四，日常对话交流中的语言。日常的口语交流，尽管语言形式比较简单，但其中蕴含的文化因素却很丰富。语言是文化的载体，与文化水乳交融。在对话交流中，我们不仅要把握语言的内容核心，还要注意挖掘其中的文化信息，包括其社会制度、历史变革、风俗习惯、民族心理等。由于文化背景不同，即使使用同种语言的人在交谈时，也会产生误会。一个人语法不当只会给人以语言水平不高的印象，而对话交流中的不适宜，换言之，错话会被人误会为对对方风俗习惯的不尊重从而产生交流障碍。只有对语言所依托的文化有一定的了解，才能不断提高运用语言的水平，在语言环境中入乡随俗，真正学"活"，同时开阔自己的文化视野。语言必须与文化熏陶相结合，让人们获得真正的语言能力，以理解语言的真正含义。

二、语言学的认知

（一）语言学的意义

语言学是以人类语言为研究对象的学科。探索范围包括语言的结构、语言的运用、语言的社会功能和历史发展，以及其他与语言有关的问题。传统的语言学称为语文学，以研究古代文献和书面语为主。现代语言学则以当代语言和口语为主，而且研究的范围大大拓宽。语文学是为其他学科服务的，现代语言学则是一门独立的学科。

语言学包括语文学。研究语言在某一时期的情况，称为共时语言学；研究语言在不同时期所经历的变化，称为历时语言学；对多种语言做综合研究，试图找出其中的共同规律，称为普通语言学；把语言学知识运用于实际工作，称为应用语言学。

语言学内容一般包括语音、词汇、语法三要素。人类创造了语言之后又创造了文字。文字是语言的视觉形式。文字突破了口语所受空间和时间的限制，能够发挥更大的作用。

语言和文字的关系如下：语言是第一位的，文字属于第二位，它是作为语言的辅助系统提出的。

（二）语言学的观点

1. 索绪尔语言学

费尔迪南·德·索绪尔①的学术观点主要有以下几点。

（1）语言和言语。索绪尔把言语活动分成语言和言语两部分。语言是言语活动中的社会部分，它不受个人意志的支配，是社会成员共有的，是一种社会心理现象。言语是言语活动中受个人意志支配的部分，它带有个人发音、用词、造句的特点。但是不管个人的特点如何不同，同一社团中的个人都可以互通，这是因为有语言的统一作用的缘故。索绪尔进而指出，语言有内部要素和外部要素，因此语言研究又可以分为内部语言学和外部语言学。内部语言学研究语言本身的结构系统，外部语言学研究语言与民族、文化、地理、历史等方面的关系。他主张，研究语言学，首先是研究语言的系统（结构），开结构主义的先河。

（2）语言的能指和所指。语言是一种符号系统，符号由能指和所指两部分组成。所指就是概念。能指是声音的心理印迹，或音响形象。语言符号有四个特性：①符号的任意性；②符号构成的线性序列，话只能一词一句地说，不能几句话同时说；③语言始终是社会成员每人每时都在使用的系统，说话者只是现成地接受，因此具有很大的持续性；④语言符号所代表的事物和符号本身的形式，可以随时间的推移而有所改变，因此语言是不断变化和发展的。

（3）语言的系统性。语言的单位都是一定系统内的成员，本身由它在系统内所处的地位决定，也即由与其他要素的关系来决定。这地位或关系就是它在系统中的"价值"。

（4）句段关系和联想关系。索绪尔指出，语言中的关系有"句段关系"和"联想关系"两类。句段关系指语言的横向组合。联想关系由心理的联想而产生，指语词的纵向聚合。他揭示的两类关系，代表纵、横两条轴线，成为每个语言单位在系统中的坐标。

（5）共时语言学和历时语言学。索绪尔创造了"共时"和"历时"这两个术语，分别说明两种不同的语言研究。语言单位的价值取决于它所在系统中的地位而不是它的历史，语言学家必须排除历史，才能把语言的系统描写清楚。

索绪尔的理论在西方已经超越语言学的范围而影响到人类学、社会学等邻近学科，直接导致这些学科中的"结构主义"。索绪尔不但是现代语言学的奠基者，也是符号学和结构主义的创始人。

---

① 瑞士语言学家费尔迪南·德·索绪尔是现代语言学的重要奠基者，也是结构主义的开创者之一。他被后人称为现代语言学之父、结构主义的鼻祖。《普通语言学教程》是索绪尔的代表性著作，集中体现了他的基本语言学思想，对20世纪的现代语言学研究产生了深远的影响。同时，由于其研究视角和方法论所具有的一般性和深刻性，书中的思想成为20世纪重要的哲学流派结构主义的重要思想来源。

2. 社会语言学

"社会语言学"主要是指运用语言学和社会学等学科的理论和方法，从不同的社会科学的角度去研究语言的社会本质和差异的一门学科。社会语言学的研究对象有以下三个。

（1）语言的变异。联系社会因素来探讨语言变异发生的原因和规律，常常使用统计的方法和概率的模式来描写这些变异现象。这又被称为微观社会语言学或小社会语言学。

（2）社会中的语言问题。如双语、语言接触、双方言、语言规范化问题等，这又被称为宏观社会语言学。

（3）人们怎样在实际环境中使用语言进行交际以及不同的社会、社团使用语言的差别。例如，某一社会阶层使用语言的不同习惯（包括语音、语法和词汇的不同，这被称为社会语言变异），又如，不同的性别、年龄、行业和经济地位等对个人言语的影响（这被称为个人语言变异）。

（三）语言学的分支

1. 语音学

语音学研究语音，包括言语的产生（语音如何被发出、传递和感知），对语音、词语和连续言语等的描写和分类。

对言语的分析，可以在不同的层面上展开。在一个层面上，言语关系到解剖学和生理学，我们可以研究舌头、喉等器官以及它们在言语产生中的作用；另外，我们也可以对单个语音进行识别和归类，把分析重点放在发音器官发出的语音上，这是发音语音学的研究范畴。我们也可以调查声波的性质，这是声学语音学的范畴。讲话的目的是要被听到和被理解，因此，有必要研究听者如何分析和处理收到的声波，这是听觉语言学的范畴。

2. 音系学

音系学研究支配语音分布和排列的规则以及音节的形式。音系学以音位为起点来处理语言的语音系统，音位是语言中能够区分意义的最小的语音单位。语音学是对人所能发出的语音进行研究，而音系学只是对其中能够组成语言和产生意义的语音进行研究。前者注重无序的语音，后者注重排列顺序。

3. 语言学的形态学

形态学关心词的内在构造，研究意义的最小单位——语素和构词过程。尽管很多人认为语言最基本的意义单位是词，但许多词可以被分成更小的叫作语素的单位。语素的功用不全相同，一些通过替换言语片段或改变意义来产生新词，其他的通过改变或增添语法信息来产生新词。

4. 语言学的句法学

句法学研究产生和理解正确的句子所遵循的规则。句子的形式和结构受制于句法规则，这些规则规定了词语顺序、句子组织方式以及词之间、词类之间和其他句子成分之间的联系。我们知道，句意不仅仅靠词序，还与结构的组合方式有关。

5. 语言学的语义学

语义学考察的是意义如何在语言中被编码，它不仅关心词作为词项的意义，还关心词的上下语言层面，例如语素和句子的意义。下面是一些关键性概念：语义成分、词的所指、词之间的意义联系（如反义词、同义词）、句子间的意义联系（如蕴涵和预设的关系）等。

6. 语言学的语用学

语用学在语境中的研究意义，它研究特定场合下的特定话语，尤其注意不同的语言运用的社会语境如何影响语义的诠释。换言之，语用学关心的是语言如何被用来交际，而不是语言如何构成。

语用学主要把言语运用看作是各种社会常规所制约的社会行为，其中像指代、语力、效果、合作原则等概念是语用学的研究对象。以对话为例，既然语言主要通过言语方式来传递，语用规则制约着一些会话的相互作用，如顺序的组织、错误的修改、言语角色和言语行为。对话的组织包括轮换，会话的开始、维持和结束，建立和维持一个话题等。

（四）语言学的区别

1. "语言" 和 "言语"

语言和言语区分说话者的语言能力和语言上（表达）的实际表现或语料。个人凭借在社会中所受的教育学习词汇、语法和语音，在此基础上他们使用并能理解自己的语言。

将所有个人头脑中的语言形象汇总起来，就能确定组成语言的社会纽带。那是一个大储藏室，满是既定团体的各个成员，他们积极使用语言和存在于个人大脑中的潜在语法系统，或者更准确地说，存在于一群人的大脑中的语法系统。因为任何说话者都不可能展现语言的全部，语言只存在于一个集合体中。在将语言和言语分开时，也把社会与个人核心的与附属的或者偶然的同时区别开来。

2. "共时" 和 "历时"

共时的描写取特定的时刻（通常为当下，但不唯一）作为观察点，大多数语法描述就是这种性质。语言时刻变化，语法描写是一项耗时的工作，所以共时是一种虚构。但是，它对语言学是至关重要的。

索绪尔的历时语言学是在语言的历史演化中研究语言。历史语言学也是 19 世纪达尔文主义者普遍感兴趣的领域。在对印欧语系历史发展的研究之中，哲学家中间形成了一个固定的传统，导致关于拥有文字系统、占有文化优势的欧洲语言的历史信息大量产生。

3. 语言能力和语言应用

乔姆斯基在《句法理论的若干问题》① 中讨论过它们的根本区别。一名语言使用者对于语言规则系统的潜在意识称为他的语言能力，而语言运用指在具体场景中语言的实际运用。

作为语言使用者，我们对语言规则有天生的把握，尽管我们可能无法清晰地表述，但我们的言语应用可以展示这种能力。听过一场激烈的辩论并描述它，就会发现讲话者并不总是遵守语法规则。即使是成熟的讲话者都会不合时宜地开口，讲话跑题或者表达不符合语法。

乔姆斯基指出，这种区别与索绪尔的语言–言语区分有关，但他没有接受将语言看作是语言单位的系统集合这个观点。他对语言能力的看法与德国著名的语言学家洪堡特相近，认为潜在的语言能力是一个具备生成机制的系统。

（五）语言学的研究领域

语言学并不是研究语言的唯一领域。其他学科如心理学、人种学、法学和人工智能研究等都和语言有关联。尽管索绪尔的目的是给予语言学自主性，给它定义明确的研究对象，将它从对其他学科的依赖中解放出来，但随着时间推移，语言学与其他学科的联系变得复杂。描述潜在根本系统的中心目标仍然存在，但这是普通语言学和描写语言学的范畴。既然语言同时拥有个人和社会两个层面，它自然就成为心理学家和社会学家的共同兴趣所在。所以，毫不奇怪，有些宏观语言学的分支通过名称就已经显示出跨学科的特点。

1. 心理语言学

心理语言学考察语言和意识的相互关系，如话语的处理和产生、语言习得等。语法的心理语言学研究，即研究心理语言学对语法形式的限制。心理语言学还研究学生语言的发展，如语言习得理论、语言的生物学基础及语言和认知的关系等方面。

2. 人类语言学

作为一门科学，研究语言的历史稍长于人类学的历史。在早期的实地调查中，人类学家曾借助语言学家在无文字语言研究上的帮助，从此这两个学科就紧密联系起来。与其他语言学家不同，人类语言学家主要对历史和早期无文字语言的结构感兴趣，它们关注语言

---

① 艾弗拉姆·诺姆·乔姆斯基，美国哲学家。是麻省理工学院语言学的荣誉退休教授。乔姆斯基的《句法结构》被认为是 20 世纪理论语言学研究上最伟大的贡献。

的出现和上千年来语言的分化。因为无文字语言必须听到才能被研究。人类语言学家必须从当代语言的比较出发才有可能推测出语言过去发生了何种变化，并对当代语言之间的相似性和差异性做出解释。

3. 计算语言学

计算语言学是一个跨学科的领域，它以利用计算机处理和产生人类语言（"自然语言"，与计算机语言相区别）为中心。在这个领域，语言学有助于理解语言数据的特殊性质，可以提供理论对语言的结构和使用进行描写，而计算机科学为设计和实现计算机系统提供理论和方法。当前的一些应用领域包括机器翻译（从一种语言到另一种语言的翻译），语料库语言学和信息检索（在大型文本库中储存和寻找相关文档）与各种各样因电脑的出现而改变的交际方式。

第二节 现代汉语的规范与特点

一、现代汉语的规范

在社会发展的历史进程中，汉民族的共同语虽然已经形成，但一直没有达到完全的统一和规范，直到 20 世纪 50 年代才有明确的规定：汉民族共同语就是以北京语音为标准音、以北方话为基础方言、以典范的现代白话文著作为语法规范的普通话。

（一）语音的规范

普通话是以北京语音为标准音的。普通话的语音必须以一个具体的方言点为标准，否则，各地语音之间都有差别。以北京语音为标准音是历史发展形成的。北京在近年来一直是中国的经济、文化中心，元、明、清三代都建都北京，明清的所谓"官话"就是以北京话为标准音的，北京音系在历史上已经得到了一定程度的推广。

北京作为首都，它的语言影响更大，广播、电影、话剧等都采用北京语音，北京语音作为标准音的地位，是确定无疑的。此外，北京音系相对汉语其他方言而言，更能体现语音由繁趋简的发展规律，发音比较明朗、高扬、舒缓、富于音乐美，所以，北京语音已传遍各地，为各地人士所接受。

以北京语音为标准音是以北京音系为标准，而不是北京话的每一个语音成分都是标准音。北京话中的有些土音是不能进入普通话的。北京话里的轻声、儿化很多，普通话也应该进行取舍规范。北京话里的异读字，要按交际的需要进行必要的定音和统一。

（二）词汇的规范

普通话词汇规范是以北方方言作为基础。北方方言分布的地域最广，使用的人口最多，用北方方言写成的大量文学作品，在历史上有着广泛的、深刻的影响，因此，以北方方言作为普通话词汇的基础是符合汉民族共同语发展的规律的。

北方方言地域辽阔，各地词汇都有一些地域差异，在词汇规范过程中必须有所取舍。为了丰富普通话的词汇，还应积极吸收古汉语中那些适合现代生活富于表现力的词汇。此外，词汇是语言中变化最快的部分。词汇的组成部分可分为基本词汇和一般词汇。在语言的发展当中，基本词汇较稳定，一般词汇则反映社会的发展和人们生活的变化，几乎处在经常变动的状态中。随着社会的变化，普通话的部分词汇也在不断地更新，既要反对生造词语，又要积极地吸收新词。

（三）语法的规范

普通话以典范的现代白话文著作方语法规范，也就是以现代著名的典范的白话文作品中的一般用例作为语法规范。典范的现代白话文是摒弃了不规范的方言成分，又比普通话的口语更为精密完善的书面语，是经过提炼加工的语言。作为规范是采取其中的一般用例，对于一些个别的受方言和古汉语及外来语影响的不规范的句子，以及一些特殊的用例应该舍弃。普通话的语法也要吸收古汉语语法、方言语法、外来语语法中有用的格式来丰富语法表达。

二、现代汉语的特点

跟世界其他语言相比，现代汉语有许多显著的特点，主要包括以下方面。

（一）语音的特点

现代汉语是音乐性很强的语言之一，因为汉语中乐音较多，音节界限分明，加上有曲折变化的声调，听起来富于音乐美。汉语的音节结构中以元音为主，一个音节必须有元音，但不一定有辅音。一个音节可以由一个单元音构成。一个音节也可以由两个元音或三个元音组成。音节中可以有辅音，一般在音节的开头和结尾。但没有两个辅音连在一起的。声调是汉语音节中不可缺少的部分，是汉语语音代表性的特征之一。声母、韵母相同的音节，可以因声调不同而形成不同的音节，以区别意义。声调是每一音节高低升降的变化，从而形成特有的音乐美。

（二）词汇的特点

汉语中语素一般是一个音节，由语素构成单音节、双音节、多音节的词。其中，双音节词占优势，词形较短，比较匀称。而构成新词的方式比较灵活。

双音节词占绝大多数。现代汉语的词明显有双音节化的趋势，过去单音节的词渐渐为双音节的词所代替。另一些多音节的词又简缩成双音节的词。现在，许多创造的新词也是以双音节为主。汉语中有多种构词方式，但以复合构词为主，一个词根和另一个同根结合在一起构成一个词。这与加词头、词尾产生新词为主的语系不一样。

（三）语法的特点

汉语语法缺乏形态变化。表示语法关系的手段主要是词序和虚词。词类与句子成分之间没有单一的对应关系，词的分类也不能以形态为标志。词的构成以复合为主，构词造句的组合关系比较一致，还有比较丰富的量词。词序与虚词是表示语法关系的主要手段。词在句子中的先后次序是汉语表示语法关系的主要手段。汉语的名词不能与数词直接组合，换言之，在表述事物的数量时，在数词与名词之间一定要有量词，而且不同的名词使用不同的量词。

第三节　现代汉语与现代文学关系

一、现代汉语的认知

汉语是汉民族的语言，中国除了汉族外，还有 55 个少数民族，这些少数民族绝大多数有自己的语言，但各兄弟民族之间为了交际的便利，需要一种共同使用的语言，汉语也就成为各民族之间的交际语言，成为中国的通行语。现代汉语是指现代通行的汉语，其口语既有共同语（即普通话），又有不同的方言；现代汉语的书面语是现代白话文。

（一）现代汉语的产生

汉语有着悠久的历史，早在 3000 多年以前，就有记载汉语的文字，即甲骨文，这是一种相当成熟的古文字，至今没有文字记载的口语的形成自然就更早。汉语经历了许多世纪的发展，面貌发生了很大的变化，历来有古代汉语、近代汉语、现代汉语的说法。以汉语语法演变为主要依据，参照词汇与语音的变化，一般可以把汉语的发展分为四个时期。①上古汉语：公元 3 世纪以前；②中古汉语：公元 4 世纪到 12 世纪；③近代汉语：13 世纪到 19 世纪；④现代汉语：1919 年到现在。

文言文是记载古汉语的书面形式，是在先秦口语的基础上形成的。当时，文言文和口语基本上一致。五四新文化运动中开展了一场声势浩大的白话文运动，从此白话文逐渐取代了文言文，逐步确立了现代汉语书面语，即白话文的合法地位。汉语的口语在古代就存在着方言的分歧，一直有着共同语的存在。1949 年中华人民共和国成立后，汉语规范标准并大力推广普通话，又对各地的方言做了普遍的调查和研究，加速了现代汉语口语的健康发展。

（二）现代汉语的方言

汉语的方言是汉民族历史发展的产物。先秦汉语在存在民族共同语的同时，就一直存在着方言。方言在一定的地区内流行，为当地人们的交际服务。汉语方言和普通话之间虽然有着明显的差异，但在语音方面有明显的对应规律，基本词汇与语法结构大体相同，并且共用一套汉字符号系统的书面语，因而并不是和普通话并立的独立语言，而只是汉民族共同语的地域分支语言。根据方言的特点，联系方言发展的历史，一般把现代汉语的方言分为八类，当然，大类之中还可以分小类。

第一，北方方言：以北京话为代表，是汉语最大的一种方言，也是汉民族共同语的基础方言。分布的地域最广，使用的人口最多。又可分四种次方言。①华北方言：通行于北京、天津、河北、河南、山东等省市，东北三省及内蒙古一部分地区；②西北方言：通行于山西、陕西、甘肃等省，以及青海省、宁夏、内蒙古、新疆的部分地区；③西南方言：通行于四川、云南、贵州三省以及湖北省大部分，湖南省西部，广西西北部地区；④江淮方言：通行于安徽、江苏两省的长江以北、淮河以南地区（其中徐州、蚌埠一带属华北方言区），长江南岸镇江以上、九江以下的沿江地带。

第二，吴方言：以上海话为代表，通行于江苏省长江以南、镇江以东地区（镇江不在内），浙江省大部分地区。

第三，粤方言：以广州话为代表，通行于广东省大部分地区、广西东南部地区。

第四，闽南方言：以厦门话为代表，通行于福建省南部、广东省东部、海南省一部分以及台湾大部分地区。南洋华侨中也有不少人说闽南方言。

第五，闽北方言：以福州话为代表，通行于福建省北部和台湾部分地区。南洋华侨中有一部分人说闽北话。

第六，客家方言：以广东梅县话为代表，通行于广东省的东北部、福建省的西北部、江西省的南部，此外，四川省、湖南省、台湾部分地区也通行客家方言。

第七，湘方言：以长沙话为代表，通行于湖南省大部分地区（西北角除外）。

第八，赣方言：以南昌话为代表，通行于江西省大部分地区（东南沿长江地带与南部地区除外）和湖北省东南一带。

现代汉语八个方言，如果就各方言与普通话的差别而言，北方方言是基础方言；闽南、闽北、粤方言与普通话距离最大；吴方言次之；客、赣、湘方言与普通话距离又小一些。

（三）现代汉语的地位

从世界语言的发展与现状来看，现代汉语无疑具有其独特的地位和影响，主要包括以下方面。

1. 汉语古老且生命力极强

汉语历史悠久，作为中华民族的交际工具，保存了灿烂的古代文化。在汉字产生前，汉语文化以口耳相传的形式得以流传和保存。汉字产生后，记载了古代文化，形成了汉文化典籍。从保存古代文化典籍的数量与历史的悠久来看，汉语无疑处于世界语言的领先地位。在语言发展的长河中，各种语言在不断地融合、分离。世界上有一些古老的语言，如古埃及语、古希腊语、古罗马语等大多都已消失，只以书面形式保存在文献里，不再是人们使用的活的语言。汉语一直发展至今，成为一种既古老又年轻的语言。汉语在发展中不但没有被其他语言同化，而且还融合了一些古老的语言，可见汉语有极强的生命力。

2. 汉语使用维度广

世界上有几千种语言，按使用人口排名，则汉语居世界第一位，其次才是英语，然后是俄语、西班牙语。而且，使用汉语的人数超过英语，占世界人口的五分之一。使用汉语的地域除了中国以外，还有新加坡、泰国、马来西亚、越南、柬埔寨、印度尼西亚、美国、加拿大等国的一些地区。使用汉语的地域较广，但不是最广的，世界语言从使用地域排名，依次是英语、法语、西班牙语。

3. 汉语对周边国家语言影响较大

自秦汉以来，中国同世界许多国家的交往益频繁，汉语与世界语言的交流也日益增多。一方面，使汉语从其他语言中吸收了不少词语；另一方面，其他语言也在与汉语的交往中吸收了不少汉语的词语，尤其是日本、朝鲜、越南等周边国家在长期接受中华文化的同时，语言也深受汉语的影响。

4. 汉语是联合国工作用语之一

1973 年 12 月 18 日，联合国大会第二十八届会议将汉语列为联合国大会和安理会的工作语言之一。联合国工作语言最初为五种：英语、法语、俄语、汉语、西班牙语，后来，阿拉伯语成为第六种工作语言。

5. 汉语学习的热潮兴起

随着经济实力的增强、国际地位的提高，世界各国与中国在政治、经济、文化、旅游等方面的交往日益密切，世界掀起了一股学习汉语的热潮。每年来中国学汉语的留学生达数万人，世界各地开设的中文学校、大学设立的中文系也急剧增加。中文广告、各旅游景点的中文说明、中文指路牌等都说明中文正在走向世界。

二、现代汉语言文学及其发展

（一）现代汉语言文学的特征与表现形式

文字作为人类文明传承的载体对人类社会的发展具有极其重要的意义。目前，世界上发现的四种古文字分别为汉字、楔形文字、象形文字、玛雅文字，其中只有汉字仍在使用。汉字从甲骨文发展至今，经历了数千年的历史。在甲骨文时代，民间的传说即是汉语言文学的雏形，其中大量地使用了比喻、排比等句式。

1. 现代汉语言文学的特征

文化是国家、社会有序可持续发展的根本动力，汉语言文学作为中华传统文化的重要载体，承担着重要的历史使命。纵观汉语言文学的发展历程，其主要特征为以下三点。

（1）具有丰富的体裁。汉语言文学历经千年的发展，涌现出丰富多样的体裁。古代的汉语言文学主要包含诗歌、楚辞、乐府、词、赋、散文。在近代出现了更多的文学体裁，其与古代文学体裁相比更加多样化、内涵化以及贴近社会，主要包括新型诗歌、小说、戏剧、散文诗、电影文学。中国出现最早的诗歌集为《诗经》①，其内容丰富，反映了周朝初期至周朝晚期之间的社会生活风貌。《诗经》的句式主要为四言，其修辞方法主要为重叠反复，反映了周朝诗歌的特色。在《诗经》之后兴起的诗体为楚辞和乐府。楚辞是在楚地民歌的基础上发展而起的，反映了楚地的风土人情，其典型代表人物为屈原。乐府作为叙事诗歌具有强烈的现实感，通过描述社会现实展现了当时的社会生活。随着朝代的更迭，诗歌的体裁也在不断丰富。唐朝的诗、宋朝的词、元朝的曲都丰富了汉语言文学的体裁。

（2）具有显著的阶段性。中国历史悠久，汉语言文学随着朝代变换也经历了起伏。不同的朝代发展出不同的文学内容，突出反映了当时的社会风貌和文风。古代诗歌的发展有两个最兴盛的时期，分别是周朝和唐朝。《诗经》主要成书于西周初年至春秋中叶，反映了爱情、生活风俗等内容。唐诗的表现形式比《诗经》更加多样化，主要为五言和七言。唐诗作为我国的宝贵遗产，对世人研究唐代的经济、生活具有重要的参考价值。唐诗在发展中也涌现出多种派别，主要为山水田园诗派、边塞诗派、浪漫诗派、现实诗派。每种诗派侧重描写不同的内容，表达了作者不同的思想感情。随着时代的发展，汉语言文学的体

---

① 《诗经》，是中国古代诗歌的开端，最早的一部诗歌总集，收集了西周初年至春秋中叶（前11世纪至前6世纪）的诗歌，共311篇，其中6篇为笙诗，即只有标题，没有内容，称为笙诗六篇（《南陔》《白华》《华黍》《由庚》《崇丘》《由仪》），反映了周初至周晚期约500年间的社会面貌。

裁逐渐变化。到宋朝时，宋词开始兴起，其是宋代文学的最高成就。宋词是汉语言文学中璀璨的明珠，其代表人物有苏轼、辛弃疾、柳永、李清照。宋词之后，汉语言文学中相继出现了元朝的戏曲以及明清时代的小说。无论是唐诗、宋词、元曲、明清小说均与朝代的更迭有着莫大的关联，同时也反映了汉语言文学发展的阶段性。随着朝代的更迭，汉语言文学的体裁也在逐渐改变。

（3）属于独特的文学流派。文学作品寄托了作者丰富的思想感情，反映了作者内心的思绪。在唐诗兴盛的年代，王维、孟浩然的诗作主要描写绿水、青山、隐士，风格恬静淡雅，其向往田园诗意般的生活，被称为山水田园诗派；高适、岑参、王昌龄等主要描写边塞生活、风景，被称为边塞诗派。在宋朝，柳永、李清照等描写的词主要侧重儿女情长，表现诗人的柔婉之美，被称为婉约派；苏轼、辛弃疾的作品用词宏博，气势恢宏，被称为豪放派。在古代文学的发展中，文学流派引领了时代的潮流，进一步推动了汉语言文学的发展。在每个时代，文学流派均对当时的汉语言文学发展起到了极大的推动，为汉语言文学的繁荣做出了巨大贡献。

2. 现代汉语言文学的表现形式

汉语言文学博大精深，是中华传统文化的瑰宝。在数千年的发展历程中，汉语言文学发展出了多种风格迥异的表现形式，其主要为诗歌、散文、小说、戏剧、报告文学等。诗歌朗朗上口，饱含真情，立意新颖，易于传唱；散文形散神聚，语言优美，富含情感，易引起读者共鸣；小说叙事紧凑，情节完整，构思精巧，引人入胜；戏剧贴近生活，空间和时间高度集中；报告文学具有新闻性、真实性，能够通过艺术的手法展现最真实的新闻。

（二）现代汉语言文学的发展

1. 网络环境下现代汉语言文学的发展

汉语这门语言经过长期的发展，已经达到了一个比较成熟、完善的阶段。先辈为我们创造了一个丰富多彩、无与伦比的汉语言文学。汉语言文学是我们中华民族文明发展的基础，由于信息的发展迅速，快节奏的社会生活在一定程度上影响着文学的发展。网络的出现更是给文学带来了巨大的变化。

如今已是信息化的时代，人们在科学探索领域投入了更多的精力，而文字在一定程度上更多的是使用它的基本功能。出现网络以后，文字作为信息交流、思想交流的工具，为人们的生活提供了便利，也为继承和提升汉语言文学创造了更加有利的条件。人类社会的文明是物质的文明、科技的文明，更加离不开精神的文明。汉语言文学在新时代新背景下面临着一系列的问题，我们要珍惜优秀灿烂的中华文化，对文学保持热情，提高自身文学修养，在延续中华文明的同时，让汉语言文学能够向产业化、国际化发展。

　　随着网络的迅速发展，一种新的语言形式也随之而来，就是"网络语言"。网络语言其实是传统语言的一种变体，它丰富了传统语言，也是传统语言的发展。网络语言为古老的汉语言带来了新的活力，大部分的网络语言已经被人们熟悉并接受，但是总体而言，这种新的语言形式还是缺少统一的标准，给人们生活带来的影响也有利有弊。

　　网络语言是伴随着网络的发展而新兴的一种有别于传统平面媒介的语言形式。主要是网友们为了提高网上聊天的效率或某种特定的需要而采取的方式。它形式简洁，易于交流，便于理解。其实，网络语言是在虚拟空间的一种表达形式，它的类型有数字型、谐音型、字母型、符号型、同音型、新造类。

　　网络语言有着独特的魅力，网络语言以及网络文化的迅速发展受到了教育界、语言学界的广泛关注，伴随着对网络语言的深入研究，产生了一门新的语言学科——网络语言学。由此可见，网络语言是有一定的社会意义的。语言和社会文化之间的关系是非常密切的，两者互相影响又互相包容，对于网络语言而言，虽然它的理论体系以及研究方法还不够完善，但是，在虚拟网络以及网络外部环境的双重磨合下，现在的网络语言已经规范有序。

　　网络语言在逐渐地形成一种语言系统，其传播媒介是网络，网民是语言社团的主体，在网络语言系统里，任何人都可以畅所欲言，任何人都可以表达创新的想法，任何人都可以创造新的词汇、新的语言，而且一旦大家认可了就会很快地在网上传播，当流行起来又会从网络进入现实生活。

　　网络语言的形成和发展是不断深化的，大致可以分为三个阶段：第一个阶段是因为五笔输入法并没有普及，网友们为了节省时间，网上交流的时候为了方便就出现了一些缩略语或者是谐音词，这算是网络语言的第一个阶段；第二个阶段是网友为了在保证速度的同时更加体现自身个性，所以出现了很多的表情符号，第三个阶段是伴随着网民数量的迅速增加，网络应用更加广泛，人们更加喜欢追求新鲜事物，网络语言得到了丰富，如"囧"。这些网络词语的流行是一种新文化的诞生——网络文化。就汉字来说，它本身就已经形成了一个文化系统，汉字体现了我国的悠久历史、审美情趣、价值观念等，而网络文化则是通过文字、图片、声音和视频等表达观点的一种文化成果。以"囧"为例，它是网民对文字意义的扩展，因为它的频繁使用，更多的人开始关注古汉字，人们对古汉字的热情被激发了，挖掘出了更多的生僻字。每次出现一个有趣的汉字，网友们都积极表达自己的创意，与此同时，也增加了人们对传统文化的热爱之情。

　　所以，网民根据文字的字形创造出新的含义，不但使文字的表达更加生动形象充满趣味，而且网友之间的交流方式也变得独特，满足了年轻网民追求个性的心理，使网络语言更加有特色。网络语言的这些特征符合了当下网民的心理需求。但是，如果不对这些网络语言进行规范的话，容易对我们现在的语言文字体系产生消极的影响。例如，一些广告语乱改成语，"一见钟情"被某品牌口香糖改为"一箭钟情"等。这样的改动会对文字功底并不扎实的学生产生一定的误导。人们之所以关注这些网络新词语，一方面，是因为新奇有趣；另一方面，是因为它们的出现和发展在某种程度上符合网民们的社会文化心理。网络语言的影响具有两面性，即积极影响和消极影响，具体有以下方面。

（1）网络语言对汉语言文学发展的积极影响。世界上每一种语言的更新和发展，都是在使用之中不断进步的。从文字本身而言，网络语言对汉语言的发展起到了一定的推动作用。如英语，每年都有很多的合成词随着科技进步和社会的发展所诞生。网络语言通过缩略、符号、借用一些外来词或者将传统的汉语赋予新的意义等手法来丰富词汇，不但形式多种多样，使用起来更是灵活多变。而且网络语言的语法打破了常规语法的规则，使人们的文字语言表达更丰富，不受传统语言的限制，给人们的生活增添了乐趣，增加了色彩。例如，"囧"这个字的流行给人们的生活增添了很多乐趣，也使语言的表达更加形象。

另外，流行起来的网络语言大多数是来自社会的热点人物或者事件，从侧面体现出社会中存在的问题和一部分趋势，人们对某一社会问题的注意可能就是因为某一网络词语的频繁出现。由此看来，网络语言之所以流行，也是因为人们对这些词汇的出处非常关注。网络已经渗透到人们的日常生活，每一个人在网络上都可以畅所欲言，网络不仅成为大众表达看法、参与社会生活最普遍、最便捷的方式，甚至成为信息传播的最主要方式。也正是因为这一现象，网络语言才能如此迅速地发展起来。

（2）网络语言对汉语言文学发展的消极影响。

第一，一部分网络语言偏离了汉语规范。网络语言普遍是为了追求新奇和方便，在很多方面都没有遵循汉语规范。有些词语的词义被曲解，还有很多刻意的错别字，这些都会在教育方面产生负面的影响。网民的主要群体之一就是大学生，他们喜欢新鲜事物，而且乐于并且善于接受新鲜事物，他们情感非常丰富，却没有很强的辨别是非的能力。大学生正处于语言学习和培养的阶段，大量地使用、接触网络语言，容易养成不规范表达的坏习惯，这对语言学习必将造成不良的影响。

第二，大量地接触网络语言会使我们的书写能力、阅读能力，以及对语言的鉴赏能力慢慢下降。网络是虚拟的，它打破了现实生活中的界限，营造的是一个文化交流的大世界。网络语言因为其丰富多样和巨大的张力建造了一种新的语言模式。这种直白的文字和特殊的表达方式，迅速渗透到了传统的语言文化中，使得传统语言的功能变得淡化。

国际之间的沟通交流愈加频繁，不仅是国际之间的经济贸易，文化产业的交流发展也随之而来。语言作为交流的重要载体，人们也是越来越重视。随着中国在国际上的影响力逐渐扩大，人们对汉语也有了更高的关注，汉语言的发展也有了更为广阔的前景。越来越多的国家都在积极倡导学习汉语，感受中国的文化，体会汉语言文学的魅力。中国是一个语言文字起源大国，汉语经过长期的发展，历史积淀很深厚，做好规范的汉语言文化传播是文化的需要，更是搭建国际友好关系的桥梁，规范的汉语言对于国际交流而言意义重大。在新的时期，汉语言迎来了新的发展机遇和挑战，因此，对于汉语言文化的传播要加大力度开展，扩大汉语言的影响力，逐步实现汉语言的产业化和国际化发展。当然，想要实现汉语言文学的产业化和国际化这一目标还要走很长的路，汉语言文学如何发展，怎样实现更大范围的发展，这需要树立一个长期发展的目标。要积极有效地探索实现产业化和国际化的需要。在这一点上，汉语言文学要注重树立本身的特点，与此同时提高自身的影响力，扩大影响范围，实现进一步的突破和提升。

2. 新媒体环境下现代汉语言文学的发展

伴随着国际交流的日益频繁，文化间的交流和发展也成为各个国家之间交流的重要方面，文化交流也为各国之间架起了一座友好的桥梁。随着网络的发展，新媒体技术不断更新，文化间的交流更是以不可想象的速度在进行，在促进国际文化融合交流的同时，也带来了一系列需要思考的现象和问题。

新媒体的传播环境为汉语的发展带来了新的环境和机遇，网络语言丰富了现代汉语的词汇以及表现形式，但是同时也为汉语发展带来了新的问题和困境。网络流行语作为一种"娱乐"的形态存在，也对社会意识形态造成一定的冲击，包括对传统的道德观念、历史观念、群体观念、社会家庭等带来影响，更是对大众文化的消融、消解和异化。

进入新媒体时代，纸媒受到了很大的冲击。受众更多的是使用网络平台了解咨询，接收信息，进行交流，而对于纸质媒介的使用越来越低，同时，对于用纸质媒介进行信息传递也越发减少。从早期的网络邮件、手机短信再到社交网络服务（SNS）的交流，到目前流行的微博、微信等，进入网络时代，人们的交流方式越发多样化，逐步地进入了多屏时代。网络平台因其及时性、互动性以及传播速度等一系列优势，逐渐改变着人们的生活方式和生活习惯。与此同时，人们的用语习惯和书写习惯也发生了很大的改变，人们越来越多地使用电子方式进行打字，而在纸质媒介上的书写习惯逐渐淡化。人们越来越依赖于电脑打字，忽略了汉字书写的魅力，忽略了汉字字形的美感。

网络传播日益自媒体化，大家都可以发声发言，都有表达的权利，网络流行语的出现和火热正是这种声音发出的媒介，但是这种自媒体式的表达缺乏把关，使得网络传播言语内容碎片化、谣言化。碎片化、谣言化的传播短时间给受众带来了信息传播环境的污染，带来的是信息垃圾，长久的影响是碎片化信息接收习惯，带来的却是碎片式的思维方式，缺乏深入的逻辑思维和思考，极不利于现代汉语思维方式的发展。网络媒体的主要受众以年轻人为主，他们是社会的中坚力量，这种碎片式的思维方式和习惯不利于年轻人形成正确的价值观和社会责任感。

以网络为特征的信息时代使得网络语言的地位尤其突出，因此，人们对于网络语言不能一味地拒绝，应该把好网络语言进入全民交际语的关口，认真研究相关内容以及现象，处理相关问题，规范网络秩序，对网络语言的吸取做出正确的引导，并加以规范。应对措施须以疏导为主，对生动有趣、意味新奇的符合汉语字词规范的网络语言尽可接受进入主流语言规范中。对于不合规范又缺乏实际语言价值的各种网络语言符号加以治理。解决新媒体下汉语言发展问题的对策具体有以下方法。

（1）客观看待网络流行语。在新媒体环境下，网络流行语言的大量涌现对汉语言文学在一定程度上形成了冲击。不能一味地对网络语言进行否定，而要客观地看待，取其精华，去其糟粕。网络流行语虽然为汉语发展带来了新鲜感，但是网络流行语水平参差不齐，有的符合汉语的发展规律，有的则完全相反。

（2）加强网络媒介素养。网络媒介的主导是受众。受众不仅仅是网络媒体内容的接收者，同时也是信息内容的创造者，具有双重身份。网络受众不仅对内容信息进行浏览、复制和评价，同时还发布信息，上传图片，创造网络信息。网络是现实社会的一个缩影，网络信息在一定程度上是社会价值观的一种呈现，因此，从某种意义上讲，网络媒介的环境取决于受众的媒介素养。网络流行语是草根网民集体智慧的结晶，网络流行语质量的高低好坏，以及它所反映出的文化的价值取向，都与网民的素养有着直接的联系。加强网络受众的媒介素养培养对于营造健康的网络环境有着密不可分的关系。培养良好的上网习惯，养成良好的网络用语习惯，做一个合格的网民具有十分重要的现实意义。在当今网络把关人不足之时，应进一步强化媒体的规范与自律，这也是营造良好的网络用语环境的必要途径之一。网络给受众提供了一个公开自由的话语空间和平台，加强网络平台的信息把关，对避免网络信息的非主流化，以及遏制不良信息起着重要的作用；对网络舆论进行必要的引导，加强媒体的行业规范和自律，是对培育健康、绿色的网络传播环境应有的行业责任。

汉语的发展是不断变化的，新媒体阶段也是汉语发展的一个阶段，网络流行语的出现是汉语进化过程中已经产生的过程。究其本质，网络流行语的出现正是基于广大群众对自我表达的一种意愿，每一条网络流行语展现的都是一种社会文化。对于网络流行语，我们应该持有正确的态度对待，吸取精华，剔除糟粕，正确地加以规范。

3. 全球化环境下现代汉语言文学的发展

汉语言文学是我国文学领域的一个文化瑰宝，对汉语言文学进行系统的、全面的学习才能够了解我国的诗词歌赋及文学著作。随着经济全球化的发展，全球化不仅仅表现在经济方面，还表现在文化和其他领域。全球化的发展，一方面，促进了各国的经济交流；另一方面，实现了国家之间不同文化的交流，当然也包括语言的渗透。那么，汉语言在全球化背景下，会遇到怎样的发展境遇是现在大家关注的焦点。事实上，全球化为不同国家的发展都带来了机遇和挑战。在整个世界文化繁荣发展的当代，文学的发展空间还是很大的，我国汉语言文学的发展走向也是不错的，汉语言文学正好可以借助经济全球化这个机会走向国际化，让更多的人了解中国的汉语言文学，同时，全球化也将推进汉语言文学的进一步发展。

随着经济全球化的到来，国际的交流和沟通也越来越频繁，不仅体现在国际的经济贸易上，在文化产业的发展上也是这样。作为重要的交流媒介——语言，也越来越受到人们的重视。对于中国而言，汉语言的发展经历了较为长期的发展和变迁。在新的时期，中国在国际舞台上的影响力在逐渐地扩大，这样一来，人们对于汉语的关注程度也越来越高，很多外国人都在积极地学习汉语，开始接触古老的中国文化，感受魅力无穷的汉语言文学，在世界广泛的范围内出现了学习汉语的热潮。对于汉语言文学的发展而言，实现更大范围内的发展需要树立长远的发展目标。

全球化为汉语言文学的发展创造了良好的平台，但是一些不利因素同样影响着中国的文学市场，所以我们必须着力提升汉语言文学的主体地位，只有这样，才能积极应对外来文化所带来的影响，保证汉语言文学在市场中的健康发展。

（1）树立产业化发展的理念。古汉语作为中国传统文化的基础也是汉语言文学最为丰富的素材宝库，它对于汉语的发展来说具有重要的意义，同时也是一系列中国传统文化的集成。随着近代历史的发展和变革，白话文开始兴起，汉语言文学也开始了一场变革和发展，而现代青年对于深入学习、研究古汉语和国学的耐心正逐步减弱。汉语言文学的产业化应该与汉语支撑并由汉语表达的中国的价值观理念结合在一起，而不应该是由汉语描绘出的其他文化的内容。

（2）树立国际化发展理念。对于汉语言文化的全球化发展而言需要做好全面的规划和详细的分析。对于汉语言的发展而言，要想实现其全球化的发展，重要的一点就是要实现汉语的国际化，让更大范围的人接受汉语。这对于汉语言的发展而言是一个重要的前提。中国的文化要想走向世界，语言是较为重要的一个代表，在这方面汉语言的发展就有了很好的平台。

（3）借鉴外文推广方式。全球化背景下，我们可以很明确地看到国际上一些先进的、科学的文学推广方式和手段。在全球化背景下，各种技术在交流和沟通上都是很方便的，我们可以通过网络或者图书馆等进行收集相关资料的工作，也能够轻易地了解到先进的推广理念，我国的汉语言文学在推广方式和措施上，可以借鉴和学习一些国际先进的推广理念，采用科学有效的推广方式促进我国汉语言文学的发展。

（4）加大汉语言文学的翻译工作。就像国外的一些英文类著作，经过翻译后走进我国文学领域一样，汉语言要走出国门，走向国际化也必须先做好外语翻译工作。全球化要带动我国汉语言文学的发展。汉语言文学要先符合被推广的条件，在推广工作面前，应主动采取有效措施来让外国人了解我们的文学作品。我国的汉语言文学可谓博大精深，但是，不懂汉语的外国人不能够看懂这些著作，这样一来，汉语言的国际化发展方向就会面临重重阻碍。全球化带来了经济、文化等得以交流的机会，我们要把握这些机会，要把汉语言文学推广到国外，就必须做好汉语言文学的翻译工作，将更多的优秀的汉语言文学作品翻译成外文，并要提高翻译的质量。一般而言，汉语言文学要翻译成外文是比较有难度的，所以应该要挖掘、选拔一些具有专业知识和擅长外文翻译的人员来进行汉语言文学的翻译工作，只有搞好汉语言文学的翻译工作，提高翻译质量，汉语言文学才能被广泛地推广到全世界。全球化背景下，很多方面都将实现国际化标准，汉语言文学也必须实现国际化标准，只有符合国际文学的鉴赏水平，只有得到国际对我国汉语言文学的认可，我们的汉语言文学推广工作才能顺利进行下去。

总而言之，在全球化的大背景下，汉语言文学有了一个很好的发展机遇，也面临着一些挑战，我们要把握机遇，具体问题具体分析，研究对策和措施，这样才能化解不利因素，把汉语言文学发展壮大。汉语言文学要想走出具有特色的全球化道路，必须着手于汉语的全球化。只要坚持加强对外汉语的教学，发展我国的综合国力，必将达到这一目标，孔子学院在很多国家的设立和普及就是最为有力的证明。

三、现代汉语与现代文学的联系

（一）现代汉语是现代文学的特征

从现代汉语的角度出发，不仅可以将中国现代文学史看作是视角的一种变化，而且也可以将其看作是对中国现代史历史范畴的一种限定。从文学性角度出发，不难发现现代文学最为显著而又深层次的特征便是现代汉语；而从现代汉语的角度来看，现代文学的本体书写是书写中国现代文学的根本。现代文学可以把现代文学与其他语言区别开来，同时还可以将现代文学与古代文学区别开来，充分发挥现代文学最为言简意赅的标志的作用，可以有效降低将现代文学从其他文学类型中识别出来的困难程度。

此外，是现代文学的文学性从根本上被现代汉语的诗性所限制，因而围绕现代汉语的角度来深入挖掘现代文学，可以说是真正意义上触碰到了现代文学的文学层面，从而确保了现代文学艺术价值的实现。相比较于阶级模式、社会学模式以及审美模式而言，中国现代文学史中的语言模式有着自身的特殊性，十分注重现代汉语语言的变革之于中国现代文学的重要性和现代汉语的文学性与诗性之间存在的联系，最终现代汉语变成了一种形式主义，地位有名无实，无关紧要。中国现代文学史中的语言模式与其他模式之间的关系是相辅相成和相互补充的，甚至相得益彰。最为重要的是从语言角度来进一步深入挖掘和探究现代文学不仅弥补了现代汉语发展过程中有名无实等缺陷与不足，同时还使得中国现代文学呈现在受众面前的是一种更为完整的形态。

（二）现代汉语与现代文学相辅相成

一般而言，中国近代言语方面的深入革新其先导是人为的文学反动，不仅担负着发明文学的重担，而且在言语的发明上也起着不可忽视的作用。所以，在创生上现代汉语与现代文学是相伴而生的，具有不可忽视的同一性，而且两者在发展过程中具有目的的同步过程，而不是一种简单的自然流变。因而在哪一个较早降生而发明了另外一个这个问题上无法予以确切的回答。

此外，现代汉语是一种古时期的言语形态，从其诞生到发展过程中，中国现代汉语言语方式在一定程度上为文学发明在边界上予以规则，伴随着新元素加入现代汉语规则中，现代文学的发展有了一定的创新。因而，从这个层次上来讲，现代汉语与现代文学之间的决定关系，在源头上以及之后的发展过程中相伴相生、相互促进、相互影响、相互浸透。

现代汉语是中国文学言语的一种重要载体，是在一场人为的改造和革新之后所构成的一种言语，并不简简单单是在一个平和的环境中得以传承并演变发展下来的一种言语。因而在一定程度上造就了二元性的现代汉语。一方面，现代言语的出现和降生主要目的在于推翻古代汉语体系，尤其是对古代汉语的文言文加以革新；另一方面，现代汉语是古代汉语的一种衍生发展而来的语言，不管是在语言元素、文化背景还是在语法构造上都彰显出十分紧密的深层次、内在化的联系，此外还和西方的拼音言语有着不可忽视的差别。现代汉语不管是在其词汇、表达方式还是在语法等层次上都对自创的西方拼音言语有一定的了解和认识。中国现代文学的实质不是一种简单的工具，有着共同的审美追究与共同的传承性追求。不管是在意义上的"真"还是表现意义上的"真"都可以将本人的个性与心灵充分表现出来，这两种形式上的"真"和古代文学中的"伪"是相互矛盾、对立的，其渴求在文学作品中一同完成，所以在一个命题碰到另外一种文学工具的时候，后一个命题则呼唤文学的回归本体。

（三）现代文学比现代汉语更具西方色彩

在以文救世的文学革新中，不少现代文学馆声名鹊起，如文学要以一种客观的身份再现世界，文学要向平民化和群众化靠拢，人物复杂而美妙性格的展现以及文学的目的要充分发挥文学的作用，特别是文学作品创作者的个性化观念的体现等，都是在受到西方文化的影响下而选择性引进的。现代汉语范畴之内的部分西化不但表现在传统文言文中稍有改动的语序、句子构造，而且深层次上的改动则主要来源于深受现代文学西化的影响。因为中国古代文学对西方文学创作手法有所忽视，这在一定程度上使得现代文学在内容上和中国古代文言文文学之间分歧和悬殊，如写实主义、具有现代颜色的唯美主义以及个性主义等，最终因为缺乏对真实生活个体的关注与表现方式，换言之，言语的构造与修饰上的忽视，稍有改动直接映射到现代汉语，因而两者产生了共质，主要表现在以下方面。

第一，古汉语的传承语言——现代汉语的产生和西方文化里所表现出来的文学观具体兼容性，而且还具有典型的东方语言、象形文字言语文化内涵。

第二，现代汉语部分西化也在一定程度上给其在中国现代文学创作中的贯彻与落实有了一定的发展空间。

第三，现代汉语还处于早期发展语言阶段，在中国文学创作中西方文学观的贯彻与落实不但为现代汉语提供了一种新的表达方式，而且在叙事、自我的表现、描写与说明等方面的拓展性发展发挥了重要作用，特别是现代汉语边界的拓展上。

现代文学和现代汉语比较而言，似乎更具有十分浓厚的西方色彩，这种独特的西方特色也给西方文学的创造拓展了更为广阔的空间。

总而言之，研究现代汉语与现代文学之间存在的复杂而特殊的关系，我们不仅仅可以从现代汉语这一角度出发，而且还可以从修辞学等方面加以叙述。譬如从修辞学的角度出发来看，现代汉语是现代文学言语的重要载体，给其提供了一定的边界。从现代汉语的由来来看，我们不难发现现代文学的特殊性，特别是现代文学观念和创作批判的密切关注给现代汉语的诞生及其发展带来了十分深远的影响。此外还得注意，在深入探究现代文学与现代汉语这两者之间文化身份的时候，一起要对二者之间的兼容性与对立面以及二元性格外重视。此外，现代汉语在古代汉语中得以传承并发展而来，具有十分典型的东方语言和古代象形文字的特征。在文学变革运用产生而来，现代汉语与现代文学的衍生和发展不可忽视的一个十分重要的角色便是文学观念，须深入研究二者复杂而特殊关系的核心要素。

伴随着现代汉语与现代文学之间关系研究的不断深入，中国现代文学史逻辑将愈加严密、思路更加清晰、体系更加完整，特别是在西方文学本体论的影响下，现代文学与现代汉语二者本身的文学价值将愈加明显，现代文学的审美体系将愈加完善，最终导致现代文学脱离现代汉语而独立发展。

第二章　汉语的语音与文字

第一节　汉语的语音体系

一、汉语的语音认知

（一）汉语的语音属性

语音是由人类的发音器官振动所产生的具有词句意义的声音。需要注意的是，人类通过发音器官可以发出很多不同的声音来传递信息，如咳嗽声、哭笑声、呻吟声等，但这些声音都不是语音，只有一定意义的声音才是语音。

声音都具有音高、音强、音长和音色四种物理属性，语音也不例外。除此之外，语音是由人的发音器官经过各种生理活动所发出的，因此，语音还具有生理属性。更重要的是，语音是人们用来传达意义的，而怎样的语音形式能够传达怎样的意义，是由使用该语言的全体社会成员约定俗成并共同遵守的，所以语音除了具有物理属性和生理属性外，还具有社会属性，并且社会属性是它的本质属性。

1. 物理属性

（1）音高。音高是指声音的高低，取决于发音体振动的快慢，也就是振动的频率。在规定的时间内，振动的次数越多，振动越快，频率就越高，声音也就越高；振动的次数越少，振动越慢，频率就越低，声音也就越低。音高一般与发音体的大小、粗细、厚薄、长短、松紧有关。一般大的、粗的、厚的、长的或松的物体振动会相对慢一些，频率低，声音也就低；相反，小的、细的、薄的、短的或紧的物体振动就会比较快，频率高，声音也就高。此外，语音的高低还取决于声腔的容积和出口。

汉语音节中的几种声调及句子中丰富的语调变化，都是由音高的高低升降所形成的。例如，"老师"和"老式"两个词语意义的不同就是"师"和"式"两个音节的音高不同所导致的。

（2）音强。音强是指声音的强弱，它与发音体振动幅度的大小有关。发音体振动幅度越大，声音就越强；相反，振动幅度越小，声音就越弱。声音的强弱其实就是人耳所感觉到的声音的大小，分贝就是度量声音强度的单位。

语音中的轻音、重音就是由于音强不同所导致的，汉语里的轻声变调也是由音强的变化所造成的。例如，"孙子（zi）"和"孙子（zǐ）"两个词语虽书写形式一致，但由于两个"子"发音时的音强不同，因此意义也不相同。

（3）音长。音长是指声音的长短，它取决于发音体振动时间的久暂。发音体振动的时间越持久，声音就越长；相反，发音体振动的时间越短暂，声音就越短。在汉语中，音长和音强一样，主要表现在轻声变调中。例如，"我们"中的轻声"们"除了音强较弱之外，音长也较短。

（4）音色。音色又叫"音质"，是指声音的特色。音色的差别主要取决于物体振动所形成的音波波纹的曲折形式。例如，i、e、o、ü、a 的波形不同，所以，音色也不同。造成音色不同主要有以下条件。

第一，发音体不同。例如，甲、乙两人的说话声音听起来完全不一样，是因为两人的声带等发音体不同。

第二，发音方法不同。例如，语音中的塞音 g 发音时需要发音部位先形成闭塞，软腭上升，堵塞鼻腔通路，然后气流冲破阻碍，迸裂而出，爆发成声；而擦音 h 发音时需要发音部位接近并留下一条窄缝，软腭上升，堵塞鼻腔通路，气流从窄缝中挤出，摩擦成声。

第三，发音时共鸣器的形状不同。例如，语音中的元音 ü 和元音 i 的音色不同，是由于发音时口腔共鸣器的形状不同。

任何语音都是以上四种要素的统一体，只不过在不同的语言中，音高、音强、音长和音色被利用的情况有所区别。但无论如何，音色都是用来区别意义的最重要的要素，其他三种要素都是依附于音色而存在的。并且在不同的语言里，它们的区别意义的作用也不尽相同。例如，在汉语里，除音色外，音高也是用来区别意义的重要要素，因为声调就是由音高构成的，而音强和音长在语调和轻声中也起重要的作用。

2. 生理属性

语音是由人的发音器官发出来的，在人发出语音的整个过程中，其发挥作用的部分有呼吸器官、喉头和声带，以及咽腔、鼻腔和口腔。

（1）呼吸器官。任何声音都是物体受外力作用发生振动而产生的。气流是发音的动力，呼气时肺是气流的动力站，气管是气流出入的通道。肺部呼出的气流，通过支气管、气管到达喉头，作用于声带、咽腔、口腔、鼻腔等发音器官，经过这些器官的调节，发出不同的语音。

（2）喉头和声带。气管的上部接着喉头，喉头是由四块软骨构成的圆筒，圆筒的中部附着声带。声带是两片富有弹性的带状薄膜，两片薄膜中间的空隙是声门，声门是气流的通道。声带可以放松或拉紧，又可使声门打开或关闭。声门打开时，气流可以自由通过；关闭时，气流可以从声门的窄缝里挤出，使声带颤动发出声音。

（3）咽腔、鼻腔和口腔。

第一，喉头上面是咽腔，咽腔是个三岔口，下连喉头，前通口腔，上连鼻腔。呼出的气流由喉头经过咽腔到达口腔和鼻腔，口腔、鼻腔、咽腔都是共鸣器，对发音来说，口腔最重要。

第二，口腔上部包括上唇、上齿、齿龈、硬腭、软腭和小舌，硬腭在前，是固定的，软腭在后，可以上下升降，软腭后面是小舌。口腔下部包括下唇、下齿和舌头。舌头是口腔中最灵活的器官，又分为舌尖、舌叶、舌面和舌根。舌头的前端是舌尖，自然平伸时，相对着牙齿的部分是舌叶，舌叶后面的部分是舌面，舌面后面的部分是舌根。

第三，上腭上面的空腔是鼻腔，软腭和小舌处在鼻腔和口腔的通道上。软腭上升时，鼻腔关闭，气流从口腔通过，发出的声音叫口音。软腭和小舌下垂时，口腔关闭，气流从鼻腔通过，发出的声音叫鼻音或纯鼻音。如果口腔内无阻碍，气流从鼻腔和口腔同时呼出，发出的音同时在口腔和鼻腔中共鸣，叫鼻化音（也叫半鼻音或口鼻音）。

3. 社会属性

语音的社会属性是它的本质属性，突出地表现在语音和语义的联系上。何种语音表达何种意义，何种意义用何种语音表达，其间并没有必然的、本质的联系，也都不是个人的决定，而是一定范围内的社会成员在长期的社会生活中约定俗成的。

在语言中，同一个意义用不同的语音来表示，同一个语音形式也可以表示不同的意义。例如，bié 这个音节在别去、区别、离别、别针等词语中的意义各不相同。

即便是同一种语言，同一个意义也可以用不同的语音来表示。例如，脚和足是同一事物的两个不同的名称。

此外，各语种或方言都有自身独特的语音系统，这也是语音社会属性的表现。即使从物理属性和生理属性上看是完全一致的语音单位，在不同语种或方言中也可有不同的地位或作用，从而形成不同的语音体系。

（二）汉语的单位

1. 语音的音素

音素是最小的语音单位，这是从音色的角度进行划分的。普通话中 tā 和 tī 都各是一个音节，两者的声母和声调相同，但是韵母不同，发音就不一样，韵母 a、i 再不能往下分了，它们就是最小的语音单位，即音素。

音素分为元音和辅音两类。元音也叫母音，是指气流振动声带，在口腔、咽头不受阻碍而形成的音素。普通话中有 10 个单元音，即 a、o、e、ê、i、ü、er、-i（前）和-i（后）。辅音也叫子音，是指气流在口腔或咽头受到一定程度的阻碍而形成的音素。普通话中共有 22 个辅音，如 b、p、m、f、zh、ch、ng 等。

2. 语言的音节

音节是语音结构的基本单位，也是自然感到的最小语音片段，由一个或几个音素组成。每发一个音节，发音器官的肌肉就会紧张一下，如 piao 是一个音节，而 piao 虽与 piao 的音素完全相同，但发音时中间有短暂间隔，并且发音时肌肉紧张两下，因而是两个音节。

按照汉语传统的分析方法，一般把一个音节分解为声母、韵母、声调三个部分。

（1）声母。声母是指汉语音节中开头的辅音。例如，"普通话"三个音节的声母分别是 P、t、h。22 个辅音中，除 ng 不能做声母外（只能用在韵尾，如 zhang、chuang），其余的都可以做声母。换言之，普通话中共有 21 个辅音声母，即 b、p、m、f、d、t、n、l、g、k、h、j、q、x、zh、ch、sh、r、z、c、s。

此外，有的音节开头的音素不是辅音，就是说音节的声母为零，语音学上称为"零声母"，这样的音节称为"零声母音节"，如 ou、ang 等。有了零声母概念，可以说普通话里所有音节都有了声母。汉语拼音中的 w 和 y 只出现在零声母音节的开头，如 yi、wang 等。但 w 和 y 只是一个标记，不是声母，其作用主要是使音节界限清楚。

（2）韵母。韵母是指汉语音节中声母后面的部分。韵母主要由单元音或复元音组成，如 pu 的韵母里的元音为 u，hua 的韵母里的元音为 u、a。有的韵母中也有辅音成分，n、ng 两个鼻辅音常在韵尾中出现，如"通"的韵母 ong 里含有一个元音 o 与一个鼻辅音 ng。

普通话中共有 39 个韵母，单元音韵母有 10 个：a、o、e、i、u、ü、-i（前）、-i（后）、ê、er；复元音韵母有 13 个，其中，二合元音韵母 9 个：ai、ei、ao、ou、ia、ie、ua、uo、ue，三合元音韵母 4 个：iao、iou、uai、uei；鼻音尾韵母 16 个，又分前鼻音尾韵母 8 个：an、en、ian、uan、uan、in、uen、un，后鼻音尾韵母 8 个：ang、iang、uang、eng、ing、ueng、ong、iong。

韵母内部按传统的分析方法，又可以分为韵头、韵腹、韵尾三部分。韵母中开口度最大、声音最响亮的元音为韵腹，韵腹前面的元音为韵头，后面的音素为韵尾。汉语里并非每一个音节中的韵母都有头、腹、尾三部分，有的音节没韵头，有的没韵尾，但是绝不能没有韵腹。韵腹是音节中的主干，是不可缺少的主要组成部分。

（3）声调。声调是指音节中具有区别意义作用的音高变化。例如，hǎo（好）读起来先降低后上升，这种先降后升的音高变化形式和升降幅度就是音节 hǎo 的声调。普通话中有四种基本声调：阴平、阳平、上声、去声。声调在词语和语流中会发生一些变化，也就是"音变"现象。

（三）汉语的记音符号

第一，声母。在实际的教学中，辅音声母的读音发成呼读音，也就是在后面加上相应的韵母，并且声带振动。例如，b、p、m、f 会读成 bo、po、mo、fo，j、q、x 会读成 ji、qi、xi 等，这样其实是为了加强辅音声母的响亮度、提高听辨率所采取的权宜之计。

第二，韵母。使用韵母时，需要注意以下方面：①知、蚩、诗、日、资、雌、斯七个音节的韵母用 i，拼作 zhi、chi、shi、ri、zi、ci、si；②韵母"儿"写成 er，用作韵尾时写成 r；③iou、uei、uen 前面加声母时，写成 iu、ui、un，如 niu、gui、lun。

第三，声调符号。声调分为阴平、阳平、上声和去声四种。声调符号标在音节的主要母音上，轻声不标。

第四，隔音符号。a、o、e 开头的音节连接在其他音节后面的时候，如果音节的界限发生混淆，用隔音符号（'）隔开，如 pi'ao（皮袄）。

二、汉语的辅音和声母

（一）汉语的辅音发音

普通话中有 22 个辅音，其中有 21 个可以做声母，只有一个辅音 ng 不可以做声母。声母的不同是由发音部位和发音方法决定的，关于声母的发音情况，参看表 2-1 所示的声母总表。

表 2-1 声母总表

发音部位 / 发音方法			唇音				舌尖音		舌尖中音		舌尖后音		舌面前音		舌面后音	
			双唇音		唇齿音											
			上唇	下唇	上唇	下唇	舌尖	齿背	舌尖	上齿龈	舌尖	硬腭前	舌面前	硬腭前	舌面后	软腭
塞音	清音	不送气音	b [p]						d [t]						g [k]	
		送气音	p [pʰ]						t [tʰ]						k [kʰ]	
塞擦音	清音	不送气音					z [ts]				zh [tʂ]		j [tɕ]			
		送气音					c [tsʰ]				ch [tʂʰ]		q [tɕʰ]			
擦音		清音			f [f]		s [s]				sh [ʂ]		x [ɕ]		h [x]	
		浊音									r [ʐ]					
鼻音		浊音	m [m]						n [n]						ng [ŋ]	
边音		浊音							l [l]							

1. 发音部位

发音部位是指发音时气流受到阻碍的位置。按照发音部位的不同，普通话的声母可以分为七类。①双唇音：由上唇和下唇闭合，对气流形成阻碍而成音，包括 b、p、m；②唇齿音：由上齿和下唇接近阻碍气流而成音，只有 f；③舌尖前音：由舌尖抵住或接近齿背阻碍气流而成音，包括 z、c、s；④舌尖中音：由舌尖抵住上齿龈阻碍气流而成音，包括 d、t、n、l；⑤舌尖后音：由舌尖抵住或接近硬腭前部阻碍气流而成音，包括 zh、ch、sh、r；⑥舌面前音：简称"舌面音"，由舌面前部抵住或接近硬腭前部阻碍气流而成音，包括 j、q、x；⑦舌面后音：又称"舌根音"，由舌面后部抵住或接近软腭阻碍气流而成音，包括 g、k、h、ng。

2. 发音方法

发音方法是指发音时喉头、口腔和鼻腔节制气流的方式和状况。可以从阻碍方式、声带是否振动、气流强弱三个方面来分析。

（1）阻碍方式。根据形成阻碍和解除阻碍的方式的不同，可以把普通话声母分成塞音、擦音、塞擦音、鼻音、边音五类。①塞音：包括 b、p、d、t、g、k。发音时，发音部位形成闭塞、软腭上升、堵塞鼻腔通路，气流冲破阻碍，迸裂而出，爆发成声。②擦音：包括 f、h、x、sh、s。发音时，发音部位接近，留下窄缝，软腭上升，堵塞鼻腔通路，气流从窄缝中挤出，摩擦成声。③塞擦音：包括 j、q、zh、ch、z、c。发音时，发音部位先形成闭塞，软腭上升，堵塞鼻腔通路，然后气流把阻塞部位冲开一条窄缝，从窄缝中挤出，摩擦成声。先破裂，后摩擦，结合成一个音。④鼻音：包括 m、n、ng。发音时，口腔中的发音部位完全闭塞，软腭下降，打开鼻腔通路，气流振动声带，从鼻腔通过发音。⑤边音：只有 l。发音时，舌尖与上齿龈接触，但舌头的两边仍留有空隙，同时软腭上升，阻塞鼻腔通路，气流振动声带，从舌头的两边或一边通过。

（2）声带是否振动。发音时声带振动的是浊音，又叫带音；声带不振动的是清音，又叫不带音。浊音共有 m、n、ng、l、r 五个，其余辅音都是清音。

（3）气流强弱。塞音、塞擦音有送气和不送气的分别，发送气音时，气流比较强，共有 p、t、k、q、ch、c 六个；发不送气音时，气流较弱，共有 b、d、g、j、zh、z 六个。

（二）汉语的声母辩证

1. 舌尖前音与后音

普通话的声母中有舌尖前音和舌尖后音之分，有些方言区的人往往分不清这两套声母的字。例如，在西南方言和吴方言中，人们发 z、c、s 和普通话的 z、c、s 完全一样，而把 zh、ch、sh 也读成 z、c、s，如把"章鱼"读成"脏鱼"，把"主力"读成"阻力"。

在有些北方话中，也有把 zh、ch、sh 读成 z、c、s 的情况。要纠正这种情况，主要从 zh、ch、sh 和 z、c、s 的区别入手，这两组声母的不同首先在于发音部位的不同，前者舌尖翘起，后者舌尖平伸。

2. 鼻腔前音与后音

在湖南、湖北、四川、江苏、福建等部分地方 n、l 不分，如将"努力"读成"鲁力"，将"南北"读成"蓝北"等。要纠正这种情况，主要从 n 和 l 的区别入手，二者的区别主要在于发音方法的不同。发 n 时，舌尖和舌的两边上举，和上齿龈形成阻碍，气流从鼻腔流出，形成鼻音；发 l 时，只有舌尖上举，气流从舌头两边流出，形成边音。

3. 发音阻碍的形成

湖北、安徽、江苏、湖北等地，以及湘、粤、闽等方言区，有把 f 和 h 混读的情况。例如，将"湖北"读成"福北"，将"牡丹花"读成"牡丹发"。要纠正这种情况，主要在于弄清 f 和 h 的区别。发 f 时，上齿和下唇形成阻碍；发 h 时，则是舌根、软腭形成阻碍。

4. 尖音与团音的区别

舌尖前音 z、c、s 与 i、u 或 i、u 开头的韵母相拼所形成的音节叫尖音；舌面音 j、q、x 与 i、ü 或 i、ü 开头的韵母相拼所形成的音节叫团音。有些地区，"际"和"计""齐"和"其""洗"和"喜"等声母有所区别，因为这些地区的发音是分尖、团的，而普通话不分尖、团，因此分尖团音的地区要注意把尖音改成团音。

三、汉语的韵母

韵母是音节中声母后面的部分。在普通话中共有 39 个韵母，《汉语拼音方案》①的韵母表中列出了 35 个韵母，未列出的 4 个韵母分别是自 ê [ɛ]、-i [ɿ]、-i [ʅ]、er [ɚ]。表示前拼 z 组、zh 组声母的韵母。

按照韵母的结构成分进行分类，可以分为单韵母、复韵母和鼻韵母三类。按照汉语传统音韵学的分法，可以根据韵母开头元音发音的口形分为四类，即"开、齐、合、撮"四呼：韵母不是 i、u、ü 或不以 i、u、ü 起头的韵母属于"开口呼"；韵母是 i 或以 i 起头的韵母属于"齐齿呼"；韵母是 u 或以 u 起头的韵母属于"合口呼"；韵母是 ü 或以 ü 起头的韵母属于"撮口呼"。

---

① 1958 年 2 月 11 日，第一届全国人民代表大会第五次会议批准颁布《汉语拼音方案》。1958 年来，汉语拼音的推行取得了丰硕的成果。

（一）汉语的韵母发音

韵母主要由元音构成，掌握韵母的发音，应首先了解元音的发音。元音的音色主要取决于共鸣器的形状，也就是口腔的形状。共鸣器（口腔）的形状不同，便形成了不同音色的元音。口腔的开合、舌位的前后、嘴唇的圆展，这三个方面决定了共鸣器（口腔）的形状。下面将按韵母的分类来分别说明韵母的发音。

1. 单韵母发音

单韵母即单元音韵母，是由一个元音构成的韵母。发音时，舌位和唇形始终保持不变。普通话共有 10 个单元音韵母，根据发音时舌头起作用的部位和方式的不同，可以分为舌面单韵母、舌尖单韵母和卷舌单韵母。

（1）舌面单韵母。舌面元音是舌头表面前后上下运动改变口腔共鸣器形状而造成的元音。普通话里七个舌面单韵母的发音条件描写如表 2-2① 所示。

表 2-2　舌面单韵母的发音条件

韵母	类型	发音方法	举例
ɑ [A]	舌面、中央、低、不圆唇元音	口腔大开，舌位低，舌头居中央（不前不后）的位置。唇形不圆，呈自然状态	发达大厦
o [o]	舌面、后、半高、圆唇元音	口腔半闭，舌位半高，舌头后缩，唇形拢圆	薄膜磨破
e [ɤ]	舌面、后、半高、不圆唇元音	发音状况与o基本相同，实际音位比o略前，双唇自然展开	合格特色
i [i]	舌面、前、高、不圆唇元音	口腔开口度很小，舌头前伸，抵住下齿背，嘴唇不圆	集体力气
u [u]	舌面、后、高、圆唇元音	口腔开口度及舌位跟 i 大致相同，区别在于发 ü 时双唇要拢圆	朴素读书
ü [y]	舌面、前、高、圆唇元音	口腔开口度很小，舌头后缩，舌后面上升接近软腭，气流通路狭窄，但不发生摩擦，嘴唇拢得很圆	区域序曲
ê [ɛ]	舌面、前、半低、不圆唇元音	口腔半开，舌位半低，舌头前伸，舌尖抵住下齿背，嘴唇不圆	

（2）舌尖单韵母。舌尖单韵母发音时，主要是舌尖起作用。普通话里有两个舌尖元音韵母，即-i [ɿ] 和-i [ʅ]。

-i [ɿ] 是舌尖、前、高、不圆唇元音。发音时，舌尖前伸靠近上齿背，气流通路狭

① 王昭庆等：《现代汉语基础教程》，江苏大学出版社 2017 年版，第 19 页。

窄，但不发生摩擦，嘴唇不圆。普通话里的−i［ʅ］前面只能同 z［ts］、c［ts'］、s［s］相拼，不能单独成音节。

−i［ʅ］是舌尖、后、高、不圆唇元音。发音时，舌尖上翘接近硬腭前部，气流通路狭窄，但不发生摩擦，嘴唇不圆。普通话里的−i［ʅ］前面只能与 zh、ch、sh、r 相拼，不能单独成音节，如知识韵母。

（2）卷舌单韵母。卷舌单韵母发音时，舌尖和舌面同时起作用，带有卷舌动作。普通话里只有一个卷舌元音韵母 er。

er 是卷舌、央、中、不圆唇元音。发音时，舌位处于央元音［ə］的位置，然后舌尖向硬腭卷起，同时舌头的边缘也向上翻卷。气流通路由宽到窄，但不发生摩擦，嘴唇不圆，如儿在汉语拼音方案和国际音标中只是表示卷舌动作的符号，因此 er 虽用两个字母标写，但只是一个音素，是一个单韵母。

2. 复韵母发音

复韵母即复元音韵母，是由两个或三个元音复合而成，因此也叫复合元音韵母。复元音是发音时舌位、唇形有变化的元音。复韵母的发音是由前一个元音的发音状态向下一个元音的发音状态滑动的过程，发音状态的变化是渐变的而不是突变的，中间需要经过一连串过渡音，气流不间断形成一个整体。

复韵母在发音时，有一个元音发音清晰、响亮，是主要元音，称为韵腹。韵腹一般是舌位较低、开口度较大的音，如 a、o、e。韵腹后面的音是韵尾，它只表示舌位移动的方向，音值含混不太固定，发音较短较模糊。复韵母中的韵尾只有 i、u、o（ao、iao 的韵尾 o 是 u 的改写）。韵腹前面的元音是韵头，韵头位于声母与韵腹之间，也称介音。它只表示发音的起点，发音轻且短，很快就滑向主要元音。做韵头的元音有 i、u、ü。两个元音构成的复韵母，有的缺韵头，有的缺韵尾，三个元音构成的复韵母韵头、韵腹、韵尾齐备。

普通话的复韵母共有 13 个，根据韵腹即主要元音的分布，可以分为前响复韵母、后响复韵母和中响复韵母 3 类。

（1）前响复韵母。前响复韵母共有四个：ai、ei、ao、ou。它们的发音特点是：前一个元音比后一个元音响，开口度大，后一个元音只表示舌位运动的方向，发音轻短模糊。

（2）后响复韵母。后响复韵母共有五个：ia、ie、ua、uo、üe。它们的发音特点是：后一个元音比前一个元音响亮，开口度大。前一个元音发音轻短，只表示发音的起点。

（3）中响复韵母。中响复韵母共有四个：iao、iou、uai、uei。它们的发音特点是：前后两个元音轻短，而中间的元音清晰响亮。

3. 鼻韵母发音

鼻韵母是元音和鼻辅音一起构成的韵母。鼻韵母的发音是由元音发音状态逐渐向鼻辅音的发音状态过渡，最后，发音部位闭塞，形成鼻辅音。普通话里出现在元音后面的鼻辅音只有舌尖中浊鼻音 n 和舌根浊鼻音 ng。

n 既可以做声母，也可以做鼻韵母中的韵尾，二者的发音有所不同。韵尾 n 只在成阻阶段发音，在发音过程中没有除阻阶段，发音完了再除阻。ng 在普通话中只能做韵尾，不能做声母。韵尾 ng 的发音描写如下：舌根、浊、鼻音。发音时，软腭下降，打开鼻腔通路，舌根后缩抵住软腭，气流振动声带后从鼻腔通过。

普通话里共有 16 个鼻辅音韵母，根据鼻辅音的不同可以分为前鼻音韵母和后鼻音韵母两类。

（1）前鼻音韵母。前鼻音韵母共有八个：an、ian、uan、üan、en、in、uen、ün。其中，an、en、in、ün 发音时，先发元音，紧接着软腭逐渐下来，增加鼻音色彩，舌尖向上齿龈移动，最后抵住上齿龈发 n。ian、uan、üan、uen 发音时，从前面轻短的高元音滑到中间较响亮的主要元音，紧接着软腭逐渐下降，鼻腔通路打开，舌尖向上齿龈移动，最后抵住上齿龈发 n。

（2）后鼻音韵母。后鼻音韵母共有八个：ang、iang、uang、eng、ing、ueng、ong、iong。后鼻音韵母与前鼻音韵母的发音原理相似，只是最后舌根后缩抵住软腭发 ng。

（二）汉语的韵母辩证

1. 混淆前、后鼻音

普通话有前鼻音韵母和后鼻音韵母各八个，但有些方言却不能分清。这种混同现象，多数表现为 en 和 eng、in 和 ing 不分，an 和 ang、ian 和 iang、uan 和 uang 混同的较少。例如，南京话、长沙话一般把这五对韵母的韵尾都读成前鼻音韵尾 n；上海话、昆明话、兰州话、桂林话一般把 en 和 eng、in 和 ing 的韵尾都读成前鼻音韵尾 n；西北地区的某些方言，如宁夏话把 en、in、uen、ün 的韵尾都读成后鼻音韵尾 ng。

这些方言区的人学习普通话首先要掌握正确的发音方法，学会发准 n 和 ng。此外，还要记住哪些字是前鼻音韵母，哪些字是后鼻音韵母。以下两种方法可以帮助记忆。

（1）依靠声旁类推。例如，带"分"声旁的字"份、芬、纷"，带"申"声旁的字"神、伸、审"，带"宾"声旁的字"滨、膑、鬓"等都和声旁一样是前鼻音韵母；带"争"声旁的字"挣、铮、筝"，带"生"声旁的字"胜、笙、牲"，带"丁"声旁的字"订、盯、钉"等都和声旁一样是后鼻音韵母。

（2）用声类推规律。普通话声母 d、t、n、l 除"钝、嫩、恁"等几个字外，不与 en

相拼。因此，凡是方言中读 den、ten、nen、ien 的字，一般都应改作 eng 韵母。z、c、s 和 en 相拼，除了"怎、岑、森"等少数几个字外，其余都应该是 eng 韵母。d、t 不和 in 相拼，可以和 ing 相拼，方言中读 din、tin 的都应该读成 ding、ting。

2. 复韵母读错单韵母

普通话的复韵母共有 13 个，占全部韵母的三分之一。不少方言缺乏元音韵尾，把普通话里的复韵母读成单韵母。这种现象在吴方言中最为突出，在闽方言、客家方言、湘方言中的老湘语和北方方言中的陕西关中地区、山东济南、云南昆明、安徽合肥、江苏扬州等地的方言中也有不同程度的反映。这些方言区的人说普通话时要注意复韵母的正确读法，读出动程。

3. 合口呼读错非合口呼韵母

普通话中的合口呼韵母在很多方言中转变为非合口呼韵母。例如，读 uo 时丢失韵头 u，读成 o。这一现象在湘方言、赣方言、客家方言、粤方言、闽方言和北方方言中的西南方言、江淮方言，以及西北方言的陕东南地区都有反映。再如，西南方言往往把普通话的 uei 说成 ei，把 uan 说成 an，全都丢失了合口呼韵头 u。

这些方言区的人说普通话时，首先，要掌握韵头的正确发音方法，发音时要由 u 向主要元音滑动，口形渐大。其次，还可以采取依声旁类推和记词的方法，如要区别 an 和 uan，除了先记住声旁字的正确读音依此类推外，还可以先记数量较少的 uan 韵母字。

4. 混淆 o、e

有些方言中 o 和 e 不分。例如，东北方言不少地方把普通话中的 o 韵母字读成 e 韵母，如"波浪"的"波"读成 be。相反，西南不少方言把普通话中的 e 韵母字读成 o，如"大哥"的"哥"读成 ge。要分清 o 和 e，首先，要知道二者的区别，前者是圆唇音，后者是不圆唇音。其次，要注意这样一条规律：普通话 o 韵母只和唇音拼，唇音除个别音节，如 me "么"外，不同 e 相拼。

5. 混淆舌尖后与舌面前及 u、ü

当 zh、ch、sh 与 u 或以 u 开头的合口呼韵母相拼时，湘方言、西南方言往往变成了 j、q、x 与撮口呼韵母相拼，也就是将本来的合口呼韵母改成了撮口呼韵母，声母也由原来的舌尖后音变成了舌面音，如"公主"中的"主"读成 jǔ。

除青州、临朐外的所有山东的东区方言和西区的东明方言在把普通话 r 声母的字（"染、软"等）读成 y 开头的零声母字的同时，还把这些字的韵母由开口呼、合口呼改为齐齿呼、撮口呼。

6. 混淆 i、ü

普通话中 i 和 ü 是两个不同的高元音。但是不少方言区的人不会发 ü 音，把 ü 读作 i，如闽、湘、粤、赣和客家方言，北方方言区中云南、贵州、山西的部分地区都有这种情况，如把"鱼头"念成"姨头"、把"有趣"说成"有气"。此外，山东很多地区也把 ü 发成 i，如把"去（qù）"发成 qì。i 和 ü 都是舌面前高元音，差别只是发音时 i 不圆唇，ü 要圆唇。先发 i 的音，舌位保持不变，慢慢把嘴唇收圆就是 ü。

7. 卷舌音

在普通话中，er 只能自成音节，不与任何声母相拼。虽然 er 构成的字很少，但是，学会发 er 是发好普通话儿化韵的基础，因此，学会 er 韵母的发音很重要。绝大多数的北方人读 er 都没有太大问题，而南方方言区因缺少 er 音，许多人都读不好 er 发音中的问题主要有两个：一是口张得太大；二是舌头不能上卷到硬腭中部。因此，发时要注意合口度适中，尽可能使舌头上卷到硬腭中部。

8. ueng 的读音

山东部分地区如济宁、青岛、烟台等地的方言把普通话 ueng 韵母的字（如翁、嗡）读成了合口呼韵母 ong。有此现象的方言区，要改为带 u 韵头的合口呼韵母 ueng。

四、汉语的声调

（一）声调的调值和调类

声调是指整个音节高低升降的音高变化形式。普通话中，大多数音节结构都由辅音、元音再加上声调构成（零声母音节除外），声调是构成汉语音节必不可少的一部分。例如，普通话中的"bɑi"音节，除了声母"b"和韵母"ɑi"，还可以有四个音高变化形式，不同的音高变化形式会形成不同的语素，因此声调此时具有区别意义的作用。

调值是指依附在音节里高低升降的音高变化的固定格式，也就是声调的实际音值或读法。人们发音时是靠控制声带的松紧来调节声音的高低的。这里所说的音高是指相对音高。相对音高就是用比较的方法确定的同一基调的音高变化格式和幅度。换言之，同一个音节，一个成年男子和一个小孩分别说出来，如果用精密仪器量，出来的绝对音高的数值肯定大不相同，小孩的最低音可能比成年男子的最高音还要高，但由于这两个人发音时他们的音高走势相同，都是由最高音滑向最低音，因此在听觉上他们所发的音是一样的。这种音高变化形式和升降幅度就是构成调值的相对音高。换言之，不同的人在发同一个音节时，虽然绝对音高不同，但只要相对音高相同，他们彼此之间就能够很顺利听懂对方所说的话。此外，构成调值的相对音高在读音上必须是连续的、渐变的，中间没有停顿和跳跃。

调类是指声调的种类，就是把调值相同的字归纳在一起所建立起来的类。一般在一种方言中，有几种基本调值就会有几种调类。需要注意的是，汉语各方言之间在声调方面差异巨大，不同方言中，调类相同的两个音节，调值的差异可能很大，反过来，调值恰巧相同的两个音节也很有可能分属于不同的调类。

（二）普通话的声调

普通话的全部字音分属于四种基本调值（轻声与变调不属于）。

第一，阴平（第一声）。发音时音高最高，并且持平，没有升降变化，调值为 55。因此，阴平调又叫高平调或 55 调。例如，"春、天、中、间"的声调。

第二，阳平（第二声）。发音时由中高音升到最高音，也就是由 3 度升到 5 度，调值为 35。因此，阳平调又叫高升调或 35 调。例如，"离、别、迟、来"的声调。

第三，上声（第三声）。发音时由低音先降到最低音而后再升到高音，先降后升，调值为 214。因此，上声又叫降升调或 214 调。例如，"舞、蹈、美、好"的声调。

第四，去声（第四声）。发音时由最高音降到最低音，也就是由 5 度降到 1 度，调值为 51。因此，去声又叫全降调或 51 调。例如，"大、庆、世、纪"的声调。

（三）声调的调值和调类辩证

1. 声调的调类辩证

普通话有阴平、阳平、上声、去声四个调类，七大方言区的调类数差别明显。北方方言区的绝大部分地区与普通话的调类一致，如汉口话、济南话、沈阳话、成都话等都是四个调类，入声分别归到阴阳上去。比较特殊的是，河北滦州市话只有三个调类：平声、上声与去声，调类数最少。

吴、湘、赣、闽、粤、客家方言区由于保留着入声字，调类数从五到十不等：湘、赣、客家方言区虽都是六个调类数，但调类不同，湘、赣方言区里的去声分阳去、阴去，而客家方言里的入声分阴入、阳入。吴方言区的调类数比较复杂：上海话有五个调类，苏州话有七个，绍兴话有八个，粤方言区的玉林调类数最多，有十个。因此，以上方言区的人们在学习普通话过程中，必须去掉入声字，改读为阴、阳、上、去四声。

2. 声调的调值辩证

（1）阴平的辩证。

第一，调值不够高。阴平调值是 55，但有方言区念成 44（沈阳、成都）、33（长沙），甚至 11（滦县）。例如，"现在开始播音"中的"播音"两个字念成最低音 11 就带有较明显的方言色彩。

第二，阴平读成降调。例如，普通话"生生不息"中的"生生"本是高平，天津、南京、兰州、南昌、绍兴等地却读成下降的调子，听起来像是"胜胜"。

第三，阴平读成降升调。有方言区的人，高平调拐弯，如山东济南、泰安等地把"茶杯"的"杯"发成类似普通话"北"的音，"纸张"中的"张"类似"掌"。

（2）阳平的辩证。

第一，阳平读成平调。内蒙古及河北滦县等地的人，将普通话中的阳平字读为平调，如"方糖"中的"糖"听起来像"汤"，"去年"中的"年"又像似"拈"。

第二，阳平读为降调。济南、成都、福州等地易把阳平读成高降调42、41或52，如"学生"中"学"类似"穴"。而南京、长沙、厦门和吴方言区的苏州、绍兴、上海等地，容易把阳平读成低升调13或24，而不是高升调35。

（3）上声的辩证。

第一，上声调值不完全。上声调值是214，发音时，要前短后长，但有些地区由于发音习惯，往往读得前长后短，致使声调不完全。例如，沈阳、南昌地区发成213的调值。

第二，上声读成降调。闽方言区的人尤其是厦门人，易把上声字念成全降调51，与普通话里的去声调值一样，如"是你"中的"你"发成"腻"。

第三，上声读为平调。山东方言区除了烟台外的绝大部分地区，如济南、青岛、泰安、临沂、菏泽等地在发上声时，听起来就像是高平调55，而滨州、潍坊、东营等地又读成平调44。例如，"饭碗"里的"碗"听起来像是"弯"。上海话里的上声也易读作平调33。

（4）去声的辩证。

第一，去声读成升调或平调。如兰州、四川地区的人把去声读成低升调13，在发"四川"中的"四"好像是"sí"。而汉口地区易读为阳平调35，南京、滦县则发成平调44或55。

第二，去声读为降升调。南方地区的苏州、福建等地有把"看一看"读成类似"砍一砍"的现象。

第二节　普通话及其语流

一、普通话的认知

普通话是我国国家通用语言，现代汉民族的共同语，以北京语音为标准音，以北方话为基础方言，以典范的现代白话文著作作为语法规范。

中国幅员辽阔，但由于长期处于自给自足的小农经济体制中，并受制于山河等地理环境的阻隔，"语同音"很难实现。一般把汉民族的方言分成七大方言，分别为：北方方言、吴方言、湘方言、赣方言、客家方言、粤方言、闽方言。这些方言之间的差异性极大，甚至在某一个方言区内，差别也多到难以沟通的程度。

作为民族的共同语，这种语言一定不能是人为新造的语言，而是在语言运用中，在历史、文化、地理、经济等因素基础之上自然形成的一种语言。从七大方言区的人口数量来看，北方方言区的人口数量几乎是其余六个方言区总人口数量之和的两倍。因此，这一语言应该出自人口数量最多的北方方言区。

北京是我国的政治中心、文化中心、国际交往中心、科技创新中心，是各种信息流动的中枢。因此，北京方言是最便利于实现传播价值的方言。此外，北京方言发音简单，每个音的界限清晰，音长较为接近，方便学习和掌握。

从普通话的语音来看，其标准音的采集是以北京和承德滦平为采音区的。之所以还选择滦平，是因为滦平话字音分明，语调也比当时的北京话在听感上要少一些弯曲，显得简洁、干净，尤其是没有北京土语过多儿化、吃字等发音习惯。所以也有人说，普通话就是去掉了土语的北京话。

简而言之，北京音成为普通话的标准音，是因为方便交流和易于掌握。因此，与其强调所谓的制定出的"规范"概念，不如从语言使用者的角度突出"便捷"概念，这样会更有利于普通话的推广。

（一）普通话的音节结构

1. 普通话的音节结构类型

普通话音节的组合有以下类型：①声母+（韵头+韵腹+韵尾）+声调，如 xiù；②声母+（〇+韵腹+韵尾）+声调，如 gāi；③声母+（韵头+韵腹+〇）+声调，如 xué；④声母+（〇+韵腹+〇）+声调，如 tǎ；⑤〇+（韵头+韵腹+韵尾）+声调，如 yán；⑥〇+（韵头+韵腹+〇）+声调，如 wǒ；⑦〇+（〇+韵腹+韵尾）+声调，如 ǒu；⑧〇+（〇+韵腹+〇）+声调，如 yù。（注："〇"表示缺少。）

2. 普通话的音节结构特点

（1）普通话音节最多有四个音素，如状；最少只有一个音素，如鹅。

（2）每个音节最少要由三个成分组成，即声母、韵母、声调。声母可以是零声母，韵母中可以没有韵头、韵尾，但必须有韵腹，韵腹和声调是音节中必不可少的成分。

（3）一个音节最多由五个成分组成，例如，huán 由声母 h、韵头 u、韵腹 a、韵尾 n

和阳平声调组成。

（4）音节中总要有元音音素，最多可有三个，分别充当韵母的韵头、韵腹和韵尾。

（5）每个元音都能充当韵腹，如果韵母不止一个元音时，就由其中口腔开合度最大、发音最响亮的元音充当韵腹。韵头只能由 i、u、ü 充当，韵尾由元音 i、u（o）或鼻辅音 n、ng 充当。

（6）辅音音素只出现在音节的开头（做声母）或末尾（做韵尾），普通话没有复辅音的情况。

（7）单韵母（除舌尖韵母-i［ɿ］和-i［ʅ］外），复韵母和鼻韵母（除 eng、ong 外）都能自成音节，其声母是零声母。

以上是普通话音节结构的基本特点。另外，有几个特殊的叹词音节只有辅音而没有元音，如 m、n、hng 等，其中，m、n 都是单辅音，hng 是两个辅音拼合而成。上述情况只是普通话音节的个别现象。

（二）普通话的音节声韵配合

构成普通话音节的 21 个辅音声母和 39 个韵母，有机地拼合成 400 多个基本音节，加上 4 个声调的配合，则可组成 1200 多个音节。普通话声韵调的配合有一定的规律性，其中声母和韵母的拼合规律最为明显，主要表现在声母的发音部位和韵母的四呼关系上。普通话声韵配合的主要规律有以下几方面。

第一，双唇音 b、p、m 除了不与撮口呼韵母相拼外，可以跟开口呼、齐齿呼、合口呼（限于 u）韵母相拼。

第二，唇齿音 f 只跟开口呼、合口呼（限于 u）韵母相拼，不跟齐齿呼、撮口呼韵母相拼。

第三，舌尖前音 z、c、s 只跟开口呼、合口呼韵母相拼，不跟齐齿呼、撮口呼韵母相拼。

第四，舌尖中音 d、t 不能跟撮口呼韵母相拼，但可以和开口呼、齐齿呼、合口呼韵母相拼。

第五，舌尖中音 n、l 可以跟开口呼、齐齿呼、合口呼、撮口呼四类韵母相拼。

第六，舌尖后音 zh、ch、sh、r 只跟开口呼、合口呼韵母相拼，不跟齐齿呼、撮口呼韵母相拼。

第七，舌面音 j、q、x 可以跟所有齐齿呼、撮口呼的韵母相拼，但不跟开口呼、合口呼韵母相拼。

第八，舌根音 g、k、h 只跟开口呼、合口呼韵母相拼，不跟齐齿呼、撮口呼韵母相拼。

第九，零声母则能跟"四呼"中所有的韵母相拼。

（三）普通话的拼音

将声母和韵母拼合起来，再加上所拼字音的声调，就构成了一个带调音节或字音，称为拼音。

1. 拼音的注意事项

（1）声母要用本音。平常念声母，一般是念它的呼读音。也就是在声母后面加上相应的元音，b、p、m、f 后加 o；d、t、n、l、g、k、h 后一般加 e；j、q、x 后加 i；zh、ch、sh、r 后加-i〔ʅ〕，z、c、s 后加-i〔ɿ〕。不加元音就是本音，它不响亮、听不清，因此，不便于教学。但是在用声母进行拼音时，应该去掉这个元音，而用它的本音。在声母和韵母相拼合的时候，声母应该念得又短又轻，韵母应该发音响亮，读音加重，二者在同一时间一起念出来。

（2）声母和韵母之间不要有停顿。声母和韵母相拼时，二者是同一时间脱口而出的，中间不能有停顿。例如，在拼"先"时，如果中间有停顿，就会变成"西安"。

（3）要念准韵头。对于有韵头的音节，在拼音时，应该注意一定要把韵头念准，有意识地把速度放慢，将韵头引出来，有些韵头是圆唇元音，拼音时一定不能忘了将圆唇的动作做出，否则就会出错。例如，在拼"换"时，如果丢失了韵头，就会变成"汗"。

2. 拼音的基本方法

（1）双拼法。

第一，声韵双拼法。将声母和韵母两个部分进行拼音，韵母自动带声调。例如，d—ài — dài（带）。

第二，声介与韵母合拼法。先把声母和韵头相拼，再与剩下的韵母相拼，剩下的韵母自带声调。这种方法，只适用于有韵头的音节。例如，xi-ān-xiān（先）。

（2）三拼法。将声母、韵头和韵身相互拼合。这种方法，也只适用于有韵头的音节。例如，p-i-àn-piàn（片）。

（3）整体认读法。整体认读法是先做好发声母的准备，然后读带声调的韵母。例如，拼"dài（带）"这个音节，先做好发 d 的架势，然后用 ài 冲破阻碍连成音节，就发出了 dài。

（四）普通话的音节拼写规则

1. 拼音的隔音字母

汉语拼音字母 y 和 w 是隔音字母，不是声母，只是起避免音节界限发生混淆的作用。

例如，为了使"大姨"不会被误会成 dɑi，因此中间要加上隔音字母"y"，拼作"dàyí"。加上隔音符号之后，音节界限分明，不容易引起误会。在汉语音节中，有以下情况时，一定要用隔音符号 y 或 w。

（1）韵母表中 i 行的韵母，在零声母音节中，如果 i 不是韵腹，就把 i 改为 y。例如，ia—ya（呀）；如果 i 是韵腹，就在 i 前面加上 y，如 i—yi（衣）。

（2）韵母表中 u 行的韵母，在零声母音节中，如果 u 是韵头，就把 u 改成 w。例如，uɑ—wa（哇）；如果 u 是韵腹，就在 u 前面加上 w，如 u—wu（无）。

（3）韵母表中 ü 行的韵母，在零声母音节中，不论 ü 是韵头还是韵腹，一律要在 ü 前面加上 y。加 y 后，ü 上两点要省略。例如，ü—yü（迂）。

2. 拼音的隔音符号

ɑ、o、e 开头的音节在其他音节后面时，如果音节的界限发生混淆，就应该使用隔音符号"'"隔开，如 ku'ài（酷爱）—kuài（快）。

现在隔音符号的使用范围也被扩大了，有些 ɑ、o、e 开头的音节即使不会与前面的音节发生混淆，也要用隔音符号，如 bó'ài（博爱）。

3. 拼音的省写

（1）韵母 iou、uei、uen 的省写。iou、uei、uen 前面加辅音声母的时候，写成 iu、ui、un。例如，d—iōu—diū（丢）。

（2）ü 上两点的省略。ü 跟 n、l 以外的声母相拼时都省写两点。如，q—qún—qún（群）不能省写两点的只限于韵母 ü 单独出现在声母 n、l 后面，因为如果省了，就容易和韵母 u 发生混淆。而 j、q、x 不能跟合口呼韵母相拼，因此省写了两点也不会出现相混淆的情况。例如，n—nǔ（努）—nǔ（女）。

4. 拼音的标调法

汉语的声调应标示在韵母上，因此有一套相应的规则来约束声调所标示的位置，当我们在课堂上为学生讲解声调标示位置时，可以将这个口诀教给学生帮助记忆：ɑ 母出现莫放过，没有 ɑ 母找 e、o，iu、ui 两韵标在后，i 上标调把点抹。

（1）当一个音节的韵母不是单元音韵母的时候，声调应该标示在韵腹上，例如，tiān（天）。

（2）当一个音节的韵母是 iou、uei、uen 时，由于其在音节中应该将韵腹省略写成 iu、ui、un，因此，原本应该标在韵腹上的声调此时应该转移。例如，d—iōu—diū（丢）。

（3）当一个音节的声调恰好应该标示在 i 上面时，那么 i 上面的点应该省略。例如，dǐ（底）。

（4）轻声音节不标调。例如，kàn zhe（看着）。

5. 拼音的音节连写和大写

（1）同一个词的音节要连写，词与词一般分写，句子或诗行开头的字母要用大写。

（2）专用名词和专用短语中的每个词的开头字母大写。

（3）标题中的字母可以全部大写，也可以每个词开头的字母大写；有时为了美观简明，可以省略声调符号。

二、普通话的语流

（一）语流音变

语言是发展的，始终处于一种变化的状态，语音作为语言系统之一，也是不断变化发展的。音变就是语音的变化，分为历时音变和共时音变。

语音在不同时代所发生的变化称为历时音变。例如，白居易的古诗《赋得古原草送别》前四句："离离原上草，一岁一枯荣。野火烧不尽，春风吹又生。"以现代汉语的读音，"荣"和"生"韵母不同，不押韵，但是在古代两个字的韵母是一样的，两个字的读音发生了变化，这就是语音的历时音变。

同一时代同一语言受语音系统内部影响产生的语音变化称为共时音变。我们在说话或朗读时，在连续的语流中，某些音素或者声调由于受前后音节的影响而发生的变化，就是共时音变，也称为语流音变。普通话语音中常见的语流音变包括轻声、变调、儿化、语气词"啊"的变化等。

（二）普通话的轻声

1. 轻声的意义

轻声不是第五种声调，而是一种声调的弱化形式。轻声离不开特定的语言环境，只出现于语言组合之中（如词、短语等）。轻声字在词语中读得既短又轻，在物理属性上表现为音长变短、音强变弱。

就音高而言，轻声无统一而固定的音高。一般情形是：上声字后面的轻声字的音高较高（4）（"4"为调值）、阴平和阳平后面的轻声字的音高偏低（2和3）、去声字后面的轻声字的音高最低（1）。

轻声有时还引起音色的变化，如"爸爸"的后一个"爸"读轻音 [ba]，声母 [p] 变成 [b]、"哥哥"的后一个"哥"读轻声，声母由 [k] 变成 [g]，声母都有浊化倾向。个别的轻音音节甚至可能失去元音只剩下辅音，例如，"豆腐"中"腐"的读音由

〔fu〕变为〔f〕。

2. 轻声的词汇

（1）助词"的、地、得、着、了、过"和语气词"吧、嘛、呢、啊"等。

（2）叠音词后面的字和双音节动词重叠式ABAB的第二个字，如娃娃、弟弟、看看、玩玩、研究研究、考虑考虑等。

（3）词的后缀"子""头"和表复数的"们"。但是，"原子、男子、窝窝头"等词的"子""头"都是实语素，不读轻声。

（4）动词、形容词后面表示趋向的词"过来、进去、起来、下来"等。

（5）名词、代词后面的方位语素或词，如山上、树上、地底下、屋子里等。

（6）量词"个"，如三个、这个、哪个、些个等。

（7）一些常用的双音节词的第二个音节习惯上读轻声，如事情等。

3. 轻声的用处

有些轻声字音节具有区别词义和区分词性的作用。

（1）区别词义。例如，《孙子兵法》中的"孙子"是指一个人名，"子"是实语素，在古代表示对人的敬称，不读轻声；而"宝贝孙子"中的"孙子"是指儿子的儿子，"子"是虚语素，读轻声。"脑袋瓜子"中的"瓜子"放在"脑袋"后面，指圆形的物体，也可指头部，"子"在这里读轻音；而"炒瓜子"中的"子"表示植物的果实，是实语素，不读轻音。

（2）区别词性。例如，"大意失荆州"中的"大意"是指粗心、疏忽，是形容词，"意"在这里读轻声；而"段落大意"中的"大意"是指"主要的意思"，是名词，"意"在这里不读轻声。

（三）普通话的变调

有些音节的声调在语流中会发生一些变化，与单独念时的调值不太一样，这就是变调。大多数音节变调都是受后一个音节声调的影响所致。

1. 上声音节的变调

上升音节单念时调值为214，在下列情况下，调值会发生改变。

（1）两个上声紧密相连，前一个调值由214变为35，也就是：214+214→35+214。例如美好、海底、井水、苦恼等，需要注意的是，上声音节如果出现在词的末尾或句尾，则仍然读它的本音。

（2）上声音节和原为上声现在改读轻声的音节相连时，则有两种不同的情况。

第一，上声+轻声→35+轻声，如，想起、哪里、讲讲、晌午、老鼠等，这些词的第二个音节都是原为上声现在变为轻声，此时的第一个上声音节变调为 35。

第二，上声+轻声→21+轻声，如，姐姐、嫂子、马虎、耳朵等，这些词的第二个音节都是原为上声现在变为轻声，此时的第一个上声音节变调为 21。

（3）三个上声音节相连时，前两个上声的变调视词语内部的语义停顿而定。有以下两种情况。

第一，前两个上声音节语义紧凑，语义停顿在第二个音节之后，前两个音节变为 35，最后一个音节仍读本音 214，即（214+214）+214→35+35+214，如洗脸水、手写体等。

第二，后两个上声音节语义紧凑，语义停顿在第一个音节之后，那么第一个上声音节变为 21，第二个上声音节变为 35，第三个仍读本音 214。即 214+（214+214）→21+35+214，如很勇敢、纸老虎等。

（4）如果连着念的上声字超过三个，就要看语句内部的语法结构和语义紧密程度了，由此将一个连续上声音节语段划分出若干个小语段，再根据上述规律进行变调。需要注意的是，连续上声只有最后一个音节才会读本音 214，如果按上述规律该读本音却不是出现在语句末，调值由 214 变为 21。例如，永远美好→永远/美好→35+21+35+214，"远"按上述规律应该读本音，但却不是语句末，因此读半上声。在这个语句结构中只有位于语句之末的"好"才可以读完整的本音 214。

（5）当上声音节位于非上声，也就是阴平、阳平和去声的前面，调值由 214 变为 21。在原音为非上声的轻声音节之前，变调也应为 21。例如，在阴平前，如北京、起飞、统一、五星；在阳平前，如海洋、语言、起航、改良；在去声前，如土地、稳固、左右、解放；在轻声前，如姐夫、尾巴、躺下、铁的。

2."一"与"不"的变调

普通话"一"的单字调是阴平 55 调值，"不"的单字调是去声 51 调值，在单念、表序数或处在词句末尾的时候，不变调。这两个字的变调取决于后一个连读音节的声调。

（1）"一"的变调。"一"有以下三种变调情况。

第一，在去声音节前调值由 55 变为 35，跟阳平的调值一样。例如，一半、一共、一向等。

第二，在阴平、阳平、上声（非去声）前，调值由 55 变为 51，跟去声的调值一样。例如，"一"+阴平，如一般、一边、一端等；"一"+阳平，如一来、一旁、一盘等；"一"+上声，如一秒、一角、一脸。

第三，夹在相同的动词中间的时候读轻声。例如，学一学、看一看、谈一谈等。

（2）"不"的变调。"不"字有两种变调情况。

第一，"不"在去声音节前调值由 51 变为 35，跟阳平的调值一样。例如，不必、不变、不测等。

第二，夹在相同的动词中间，或在可能补语中读轻声。例如，买不买、来不来、会不会等。

3. 去声相连调值变调

当两个去声相连，前面的去声音节不读重音的时候，调值没有降到最低，调值变为高降调53，称作"半去"。例如，饭店、贵重、介绍等。

4. 形容词重叠变调

形容词重叠一般有 AA 式、ABB 式和 AABB 式三种。

（1）AA 式的变调。叠字形容词 AA 式第二个音节原字调是阳平、上声、去声（非阴平）时，同时 AA 式后加"儿尾"，重叠的第二个音节变成"儿化韵"时，声调可以变为高平调55 调值，跟阴平的调值一样。例如，慢慢儿。

（2）ABB 式、AABB 式的变调。当后面两个叠字音节的声调是阳平、上声、去声（非阴平）时，调值多半变为高平调55，跟阴平的调值一样，AABB 式中的第二个 A 读轻声。例如，①ABB 式，如绿茸茸，但也有仍念原调的，如软绵绵、金灿灿；②AABB 式，如慢慢腾腾。

（四）普通话的儿化音

第一，儿化音的意义。儿化是指一个音节中，韵母带上卷舌色彩的一种音变现象。在书面语中，这种"儿"通常被省略。

第二，儿化音韵的发音。①无韵尾或有 u 尾+卷舌动作，如小车儿。②有-i、-n 韵尾的+韵尾丢失或添加韵腹，如一块儿。③有商元音 i、ü 韵腹的+央元音，如小鸡儿。④有舌尖元音 [ɿ]、[ʅ] 的变为央元音，如瓜子儿。⑤有-ng 尾的+韵尾丢失且元音鼻化，如帮忙儿。

第三，儿化音韵的作用。儿化不是单纯的语音现象，它与词汇、语法和修辞都有密切关系，具有区别词义、区分词性和表达感情色彩的作用。首先，区别词义。有的词儿化之后具有不同的意义。例如，"头"本来指头部、脑袋，儿化后的"头儿"是指事物的一端；"眼"本指眼睛，儿化后的"眼儿"是指小孔。其次，区别词性。兼属动词、名词两类的词或形容词，儿化后就固定为名词；有的名词、动词儿化后，借用为量词。例如，"尖"原为形容词，儿化后的"尖儿"就是名词，如"破烂儿"；"偷"原为动词，儿化后"偷儿"就成了名词。最后，带有感情色彩。有的词儿化后带有一定的感情色彩。例如，猫儿、老头儿、小淘气儿等表示细小、轻松或亲切、喜爱的感情色彩。

第三节　汉字的形体与结构

一、汉字的形体

（一）汉字的形体演变

汉字具有悠久的历史，它的形体经历了多次明显的变异，先后出现了甲骨文、金文、篆书、隶书、楷书五种正式字体，以及草书、行书等辅助字体。其中，汉代通行的隶书是一个重要的转折点，汉字的形体由此进入一个新的历史阶段，开始向现行汉字形体过渡。从历史的角度看，殷商到秦汉时代是汉字形体变化频繁的阶段，之后汉字的形体相对稳定，变化趋于缓慢。汉字形体演变的总体趋势是朝着简便易写的方向发展。

第一，甲骨文。甲骨文是殷商时代通行的汉字字体，通常被刻在龟甲和兽骨上。从形体上看，甲骨文的图画性强，离事物原形不远，结构尚不定型，同一个字可以有多种写法；字形大多瘦长，大小不均；笔画细长方折，繁简不一。从记录的内容看，甲骨文的主要内容是卜辞。

第二，金文。金文又叫钟鼎文，是商代、西周以至春秋战国时期熔铸在钟鼎等青铜器上的文字。金文的字形与甲骨文相近，但象形符号的图画性有所削弱，字形渐趋匀称、整齐、方正，笔画因熔铸而成显得肥丰圆转，异体字仍然比较多。

第三，篆书。篆书有大篆和小篆之分。大篆一般是指春秋战国时代通行于秦国的文字；小篆也叫秦篆，是秦始皇统一六国后采用的标准字体，在大篆的基础上整理而成。大篆一般以籀文和石鼓文为典型代表。籀文传说是《史籀篇》[①] 里的字，石鼓文因刻在鼓形石上而得名。小篆以泰山刻石为代表，主要特点是：图画性较弱，符号性增强；笔画比大篆简化，线条柔婉、圆转、略带弧形；形体呈竖长方形，结构整齐、匀称；偏旁写法、位置趋于定型。

第四，隶书。隶书产生于秦，在战国时代秦国简俗字的基础上形成。秦代的隶书称秦隶，到了汉代，字形有了发展，更加简单易写，这种通行于汉代的正式字体叫汉隶。与篆书相比，隶书主要有三个特点：①打破了篆书的形体结构，改造了篆书的偏旁；②笔画进一步简化，线条平直、方折，并显出波磔；③字形扁平，有棱有角。隶书对篆书的改造为现行汉字形体的形成奠定了基础，在汉字发展史上占有重要地位。

---

① 《史籀篇》是见于著录最早的一部字书，也是史书记载最早的儿童识字课本，为周代文字学著作，约成书于春秋战国之交。

第五，楷书。楷书又叫"真书""正书"，是现代汉字的标准字体。楷书保存了隶书的偏旁系统和基本结构，取消了隶书的波磔笔法，笔画平直，字形方正，易于书写。

第六，草书。草书形成于汉代，由隶书草化发展而成。草书分为章草、今草和狂草。章草通行于汉魏，使用部分连绵笔，字与字之间不相牵连，书写趋于简便，但仍然保留隶书的笔法和风格，用挑法，有波磔。今草成熟于东晋，字与字之间牵连相通，血脉不断，书写更加简易快速，但不容易辨识。狂草出现在唐代，笔画连绵回绕，变化多端，书写放纵不羁，个性十足，实用价值不大，几乎成为纯艺术化的字体。

第七，行书。行书产生于东汉，字形流畅，易写好认。西晋以来，行书一直广为应用，是常用的手写体，也是楷书最主要的辅助字体。

（二）现代汉字的形体

现行汉字经常运用的是楷书和行书，在文物古迹、印章、对联、匾额及文章的标题等特殊场合，有时也运用草书、隶书、篆书或金文、甲骨文。至于书法艺术作品，各种形体都可能运用。从形成的手段来看，现行汉字有手写体和印刷体的区别。

1. 汉字的行书和楷书

行书是楷书的辅助性字体，在日常书写中一般都采用行书。也由于楷书的整理和简化，现行汉字的行书写起来更简便了。

国家正式发布的文件和一般的报刊、书籍，都是用的楷书。楷书是国家通用的标准字体。汉字经过整理和简化，有些字的形体发生了变化，主要表现在三个方面：①同相应的繁体字相比，一大批汉字形体更简单易写了；②异体字减少了，在一般书报中不用了；③形体有细微差别的字，保留了其中的一种写法，字形统一了。另外，通用汉字的笔顺和读音也规范了。这些变化使楷书运用起来更加方便。

2. 汉字的印刷体和手写体

（1）印刷体。一般而言，各种形体的汉字都可以预制字模印刷出来，成为印刷体。现在计算机里也可以出现各类印刷体。但是习惯上所说的汉字的印刷体，只指印刷上常用的楷书的各种变体。印刷体的特点是笔画清晰、端正匀称、便于辨认，大都不容易手写。印刷体通常有以下变体。

第一，宋体：又叫老宋体、古宋体、灯笼体，笔画横细竖粗，结体方正严谨，是最通用的印刷体。

第二，仿宋体：又叫真宋体，笔画不分粗细，结体方正秀丽，讲究顿笔。

第三，楷体：又叫大宋体，近于手写楷书。

第四，黑体：又叫黑头字、方头字、方体字，笔画等粗，浓黑醒目，一般表示着重时用，常用来排标题。

随着计算机的普遍应用，还可以选用楷书的许多变体，如彩云体、琥珀体、魏碑体、综艺体等。

印刷体按字体大小的不同，可分成不同的字号。常用的字号从大到小有初号、小初号、一号、小一号、二号、小二号、三号、小三号、四号、小四号（新四号）、五号、小五号（新五号）、六号、小六号、七号等。

（2）手写体。现行汉字的手写体是指用手执笔直接写成的汉字。根据运用的工具的不同，手写体可以分成软笔字和硬笔字两类。软笔字即传统的毛笔字，硬笔字包括钢笔字、铅笔字、圆珠笔字、尼龙笔字等。

二、汉字的结构

（一）汉字的结构单位

汉字的结构单位有两级：笔画和部件。笔画是汉字最小的结构单位，部件是汉字基本的结构单位。现代汉字是由笔画构成的，笔画组成部件，部件再构成整字。

1. 汉字的笔画

笔画是构成汉字字形的最小连笔单位。所谓一笔或一画，是指从落笔到起笔所写的点或线。

（1）笔画的类型。现行汉字的笔画系统以横、竖、撇、点、折五种基本笔画为基础构成，其中，前四种为单一笔画，后一种是复合笔画。单一笔画的笔形相对简单，书写方向基本不变；复合笔画是两种以上简单笔画的连接，书写方向有所变化。每种基本笔画都有若干变体。

汉字的基本笔画制约着汉字的排序方式。掌握各种笔画的特点，有助于正确计算出汉字的笔画数，方便汉字教学、查字典和索引，也可以帮助人们提高汉字的书写水平。

（2）笔画的组合方式《现代汉语通用字表》① 中统计，7000 个通用汉字的笔画从 1 画到 36 画不等，平均每字 10.75 画。除"一、乙"等少量的一笔字外，绝大多数汉字都存在笔画的组合问题。现代汉字的笔画组合有三种方式：相离、相接、相交。

第一，相离：如二、三、川、八、小、儿、心、习等。

第二，相接：如人、入、几、乃、刀、工、上、山等。

第三，相交：如十、七、九、力、丰、井、也、韦等。

---

① 《现代汉语通用字表》（简称《现通表》）是在 1965 年 1 月发布的《印刷通用汉字字形表》的基础上增订而成的。

多数汉字是综合运用上述两种或三种方式构成的。例如，"干、千、天、升"运用了相接、相交两种方式，"么、亏、乞、亿"运用了相离、相接两种方式，"义、艺、斗、计"运用了相离、相交两种方式，"犬、伪、丹、匡"运用了相离、相接、相交三种方式。有时笔画相同，由于组合方式不同，因此会形成不同的字，如刀、力、八。

（3）汉字的笔画顺序。笔顺即笔画的书写顺序，它是人们在长期的书写实践中形成的一种书写习惯。笔顺有一定的规律可循，依照正确的笔顺书写汉字，便于点画衔接，取态生姿，把字写得美观、匀称，并可提高书写效率。

第一，从上到下，如"李、三"。

第二，从左到右，如"仁、谢"。

第三，先外后里，如"问、同"。

第四，先中间后两边，如"乖、小"。

第五，先横后竖，如"十"。

第六，先撇后捺，如"人"。

第七，点在上边或左上，先书写，如"衣、穴、为"。

第八，点在右上或字里，后书写，如"发、我、瓦、叉"。

第九，两面包围结构的字：上右和上左包围结构，先外后里，如"句、厅"；左下包围结构，先里后外，如"远、廷"。

第十，三面包围结构的字：缺口朝上的，先里后外，如"凶"；缺口朝下的，先外后里，如"同"；缺口朝右的，先上后里再左下，如"区"。

第十一，全包围结构的字，先外后里再封口，如"国"。

2. 汉字的部件

部件是由笔画构成的高一级的构字单位，也是合体字的基本构形单位。

（1）部件的分类。现行汉字的部件，按照不同的标准可以分成不同的类型。根据笔画数量多少，部件有单笔部件和多笔部件之分；根据能否独立成字，部件有成字部件和非成字部件之分；根据能否继续切分，部件有单一部件和复合部件之分。

单一部件是构成复合部件的基础。三个以上单一部件共同组配汉字时，往往逐层复合，换言之，部件的组合是有层次的。

（2）部件的组合方式。现行汉字大都是由多个部件构成的合体字，部件组合成合体字的结构方式主要有以下类别。

第一，左右结构：这类汉字按从左到右的方式组装部件，如村、联、伟、搞、刚等。

第二，上下结构：这类汉字按从上到下的方式组装部件，如思、华、花、基、想等。

第三，包围结构：这类汉字中有一个部件与其余部件形成不同程度的包围关系，如圆、国、医、句、闲、凶等。

第四，穿插结构：这类汉字内部有一个笔形对称的部件自上而下贯穿，如办、坐、爽、乘、承等。

3. 汉字的偏旁

偏旁是构成合体字的完整的部分。它或是上下结构字的整个上部或整个下部，或是左右结构字的整个左部或整个右部，或是内外结构字的整个内部或整个外部，或者是上中下结构或左中右结构字的整个中部。

偏旁可能由一个笔画构成，如"旧"中的"丨"，"孔"中的"乚"；可能由一个基础部件构成，如"达"中的"大""辶"，"邓"中的"又""阝"；也可能由一个合成部件构成，如"想"中的"相"，"韵"中的"音"。

为了便于称谓，偏旁都有名称，不过由于地区不同，师承不一，偏旁的名称也有分歧。例如，"疒"有"病扇旁""病字旁""病字头""病字框"等叫法，"皿"有"皿字底""皿墩底""皿墩儿"等名称，"攵"有"折文旁""三笔反文""文字头"等称呼。这种状况影响了语文教学，也影响着汉字的标准化和规范化。

要改变偏旁称谓的混乱现状，应该在求实的原则下进行规范。所谓求实的原则，是指各地基本一致的传统名称不变，如单立人（亻）、两点水（冫）、秃宝盖（冖）、言字旁（讠）、单耳旁（卩）、建之儿（廴）、草字头（艹）、双立人（彳）、反犬旁（犭）、三点水（氵）、竖心旁（忄）、宝盖头（宀）、走之儿（辶）、绞丝旁（纟）、四点底（灬）、竹字头（竹）等。

所谓规范，就是其余一律用"三字命名法"命名。偏旁名称的第一个字有两种来源，凡是独立成字的（包括变体），就使用这个偏旁字，如"文字头（亠）""心字底（思）""人字心（囚）""子字旁（孙）"；不能独立成字的，就用含有这个偏旁的最常用的字，如"师字旁""冒字头""同字框"。偏旁名称的第二个字一律用"字"。偏旁名称的第三个字根据在字中的位置分别用"旁""边""头""底""框""心"等：在上称头，在下称底，在左称旁，在右称边，在内、在中称心，在外称框。

4. 汉字的部首

在汉字分析中，经常使用部首这一概念。部首是具有字形归类作用的部件，是字书（包括部分词典）中各部的首字，专为汉字分类检索而设立。

（二）汉字的造字法

汉字的造字法也称构造方式。东汉许慎的《说文解字》用"六书"来分析汉字的构造，"六书"包括象形、指事、会意、形声、转注和假借。实际上，后两种并不是严格意义的造字法，只能看作用字法。

1. 象形字

许慎《说文解字》①："象形者，画成其物，随体诘诎，日月是也。"象形就是用文字的线条或笔画，把要表达物体的外形特征，具体地勾画出来。例如，象形字中"月"像弯月亮的形状。

象形字都是独体字，是构成其他汉字的基础。象形字是最原始的造字方法，它的局限性很大，因为复杂的事物难以象形、抽象的事物无法象形、近似的事物不便区别。仅靠这一种造字方法，即使在古代，也不能满足记录语言的需要。

随着汉字形体的变迁，绝大部分的象形字已丧失象形的意味，只有极少数的字，如"井、田"等尚依稀可辨。

2. 指事字

许慎《说文解字》："指事者，视而可识，察而见意，上下是也。"指事是用象征性符号或在象形字上加提示符号来表示字义的造字法，用指事法造出的字就是指事字。

指事字分为两种：一种是纯象征性符号构成的，如"一""二""三"等，这类指事字很少；另一种是在象形字的基础上增加提示符号构成的，如"甘"在口内加一点，表示口中含有甘美的食物。

指事字一般是单一的形体，不能再分为两个字，所以也是独体字。指事虽然克服了因抽象概念无"形"可"象"的弱点，但用抽象的符号表达复杂的字义是很困难的，所以它也只是一种辅助性的造字法。由于这种造字法受到很大局限，因此指事字在汉字中的比例很小。

指事字和象形字都是独体字，它们的主要区别在于：指事字重在用抽象符号进行提示，是在象形字的基础上加上表意的标志；象形字重在象原物之形，是照样画葫芦。

3. 会意字

许慎《说文解字》："会意者，此类合谊，以见指㧑，武信是也。"会意就是用两个以上部件组成一个新字，同时，又把这几个部件的意义合成一个意义。用这种方法造的字，就是会意字。用相同的部件会意而成的，叫同体会意。如双木为"林"，三木为"森"，三人为"众"，石多为"磊"等。用不同的部件会意而成的，叫异体会意，如"采"表示手在树上摘东西；"苗"表田里长出像草似的幼芽。

---

① 中国第一部系统地分析字形和考究字源的字典。东汉许慎著。十四卷，并有叙目一卷。首创部首排检法，分列 540 个部首，收录 9353 个篆字，重（chóng）文（异体字）1163 字，对每个字的字形、字义做了分析解释，有的字还以读若的办法注了读音。是研究中国文字学的重要著作。

会意字一般都是合体字，合成会意字的各个部件大都是象形字和指事字。会意的造字能力远远高于象形与指事，其数量也远远大于象形字和指事字。这种造字法的局限有两个方面：第一，复杂的事物和抽象的概念难以会意；第二，有些会意字的意义难以从字面理解。

有些会意字随着长期以来字形的演变、字义的变化，现在也已经很难看出它们是如何会意的了，如"轰、祝、兵"等。会意字也不能完全满足记录语言的需要。用象形、指事、会意这三种方法造出来的字，都是纯表意的文字。

4. 形声字

许慎《说文解字》："形声者，以事为名，取譬相成，江河是也。""形"指形符，或叫意符，其作用是指出字的意义类属；"声"指声符，也叫音符，其作用是标明字的读音。形声就是用一个表意部件和一个表音部件组成一个新字，用这种方法造的字，就是形声字。例如，"河水"的"河"字就是用"氵"做形符，用"可"做声符，组成一个"从水，可声"的形声字。

形声字都是合体字。由于形声组合在造字方面具有明显的优越性，同一形符加上不同声符可以造出大批意义相关而读音有别的字，如形符是"口"的形声字有"吐、吵、咬"等；同一声符加上不同的形符也可以造出大批读音相同或相关但意义有别的字，如声符是"丁"的形声字有"盯、顶、灯"等。可见，形声造字法具有很强的造字能力。形声字在《说文解字》中的比例就超过了80%，现行汉字中，形声字占总量的90%左右。虽然汉字字形演变的表音化趋势明显，但形声字的声符可以是象形字、指事字，也可以是会意字和形声字，而并不是音位或音素符号，所以并不能改变汉字是语素文字的性质。

5. 转注字

许慎《说文解字》："转注者，建类一首，同意相受，考老是也。"转注属于用字法。不同地区因为发音不同，加上地域上的隔阂，以至于对同样的事物会有不同的称呼。当这两个字是用来表达相同的东西，词义一样时，它们会有相同的部首或部件。例如，"考""老"二字的本义都是长者；"颠""顶"二字的本义都是头顶。这些字有着相同的部首（或部件）及解释，读音上也是有音转的关系。转注字可以分为以下三类。

第一，在同一个部首内意义密切相联系的字。例如，桥（水梁也）梁（水桥也），这是属于不同音、不同形的汉字意义相同或相近，形体结构含有相同的部首构成转注关系。

第二，不同部首之间意义联系密切的字。例如，问（讯也）讯（问也），字形和字音毫无联系，只有意义形成互训关系。

第三，同一个字由于转注而产生新的义项。例如，"履"，足所依也。朱骏声《说文通训定声》① 说："此字本训践，转注为所以践之具也。"这是一个字通过"转注"产生出新的义项例子，由动词的履践义生出名词的履（鞋）义。

6. 假借字

许慎《说文解字》："假借者，本无其字，依声托事，令长是也。"假借就是同音替代。口语里有的词，没有相应的文字对应，于是就找一个和它发音相同的字来表示它的含义。例如，"自"本来是"鼻"的象形字，后来借作"自己"的"自"。

以上例字都是采用象形或者会意法造的字，但是该字使用时表示的意义都与所象之形或形符所表示的意义没有关系。因此，从使用的角度来看，它们都属于假借字。

---

① 《说文通训定声》是清代朱骏声编写的文字音韵书，该书是一部按古韵部改编《说文解字》的书。全书以谐声声符为纲，按音分别归属古韵十八部。

第三章　汉语的语法与修辞

第一节　词汇的系统与规范

一、词汇的认知

词汇是说话、演讲、写文章的基础，只有掌握丰富的词汇，才能提高分析、鉴赏和运用语言的能力，才能提高说话或写文章的水平。

（一）词汇的组成

1. 词汇的构词单位语素

词汇是由语素组成的。语素是有意义的最小的构词单位，语素的主要作用是构词。语素有单音节的，也有多音节的，有的语素虽没有词汇的意义，但却具有语法意义。语素都有意义，而且不论是单音节的还是多音节的语素都不可再进行划分。

2. 单纯词以及合成词

词又分为单纯词和合成词。单纯词由一个语素构成，有单音节的，也有多音节的。单音节单纯词一般是一个音节一个汉字的词，多音节单纯词中又有联绵词、拟声词、叠音词和译音词等。多音节多为双音节，是一个语素，不能再拆开。拟声词也叫象声词、摹声词，是对自然音响的模拟。叠音词是由某一音节重复出现所构成的，每一个部分都只是不表意的音节。译音词是完全记录外语词汇声音的外来词，其每个音节只单纯记录声音，不单独表意。

合成词是由两个以上的语素按照一定的组合方式构成的词。合成词的构成方式，主要有复合法、附加法、重叠法三种。复合法是两个以上具有词汇意义的语素组合成词的方法，它是汉语中最常见的，也是最易产的一种构词方式，所以由复合法构成的词在现代汉语词汇中占据明显的优势。

3. 附加法以及重叠法

附加法，即在表示词汇意义的语素上附加上表示语法意义或感情色彩的语素。其中又有前附加式和后附加式的差别，前附加式即在表示词汇意义的语素之前加上附加成分，后附加式即在表示词汇意义的语素之后加上附加成分。此外，还有后附加成分是一个叠音词缀的。重叠法，即重叠某个有词汇意义的音节的方法。

（二）词汇的相关意义

1. 单义词以及多义词

单义词是指只有一项词义的词。其中有的是表示人名、地名、国名等专门的名词；有的是表示人、事物的一般名称；有的是表示人称数量的词。一般而言，汉语词汇中单义词的数量较少，大量存在着的是多义词。多义词是指具有两项以上词义的词。汉语里大多数词都具有多义性，凡是历史长久、使用相对比较频繁的词，它的词义也就比较多。

随着社会的发展变化，词义在语言运用中也处于不断发展变化的状态。词义的变化，最明显的表现就是促成词的多义性，使词的意义更加丰富，并且由于一个词的多义性分解，又可以产生出新词。可见，多义词是语言运用的产物，是词义发展变化的结果。

多义词的各项意义之间互有联系，有的直接，有的间接，有的密切，有的疏远。这些差异，使诸项意义既互有联系又彼此独立。一般而言，多义词各意义包括本义和转义两种，其中本义是最主要、最常见的意义。在词典中，第一个注释的词义一般是本义，在运用中，本义一般也是较常用、最明显、人们较容易想到的词义。

本义不一定是最初的意义；转义是从本义发展衍生出来的意义；引申义是指由词的本义推广、扩大而产生的词义；比喻义就是通过用本义打比方的办法形成的意义。比喻义用本义的某些形象特征来打比方，具有较强的表现力。多义词虽然有多项意义，但它的诸项意义只在相对静止的条件下并存，例如，在词典中。但是，在语言运用中，由于有具体明确的上下文，词义在每一次使用时，其意义都是单一的，即只有一个意义。所以，词在静态下的多义性，并不影响人们的运用和理解。

2. 同义词以及反义词

（1）同义词。有些不同的词，彼此在语义上有意义相同或意义基本相同的语义联系，有这种联系的一组词，彼此就互为同义词。同义词在表义上虽有一定的共同点，但他们毕竟不是同一个词，在表意大致相同的情况下，又存在着各个角度上的细微差别。这就需要在运用中细心分辨，准确选择。

从构成语素来看，同义词可以分为三类：①构成语素完全相同，只是顺序不同；②构成语素部分相同；③构成的语素完全不同。同义词可以准确细腻地传情达意。在语言中，由于存在着大量表意基本相同，又有各种细微差别的同义词，使人们的表意手段十分丰富，给人们准确、贴切、精密地表达创造了条件，所以选择恰当的同义词不仅可以使表意精当、传情细腻，而且还能使表达避免重复，使语言富于变化。

（2）反义词。反义词是指那些在表意性质上意思相对或相反的词。反义词一般是同词性的。汉语中反义词以形容词为多，其次是动词和名词。在语言运用中，并不是每个词都有反义词，例如，表示事物的一些词，"桌子、椅子、麦子"等就没有反义词；另外，也不是所有的对立意义都用反义词形式表达，例如，"好"的反义词是"坏"，如果替换为"不好"，就只是否定表达形式，"不好"只是"好"的否定，而不是它的反义词。

根据意义上的联系，反义词分为绝对反义词和相对反义词两种。绝对反义词也叫矛盾反义词，它在性质上完全互相排斥，没有中间状态，否定了甲，就肯定了乙；肯定了甲，就否定了乙。相对反义词也叫对立反义词，这类反义词之间有中间状态，否定了甲，不一定就能肯定乙。

多义词各个义项的反义关系比较复杂，不像单义词的反义词，总是以一对一的状态存在。多义词的各个义项由于意义侧重点不同，从而有着不同的反义词。反义词有鲜明的对立联想作用。在语言运用中，反义词互相映衬，有助于揭示事物的矛盾，深入展现事物的特点，给人留下深刻印象。反义词还可以构成概括性强而又鲜明生动的词和成语。

（三）词汇的发展演变

1. 词汇发展演变的原因

语言是一个动态的系统，语言的各类要素也都处在不同程度的发展变化当中，现代汉语词汇同样是一个动态的开放系统，它的变化是各要素中最为敏感、快速、广泛的，词汇的发展变化是由内因和外因共同作用的结果。词汇发展演变的具体原因内容有以下方面。

（1）外部的原因。语言是一种社会现象，它无时无刻不受到社会发展的影响，词汇的发展更是如此，人类社会的发展进步、社会制度的更替、经济的发展、生产力以及科技水平的提高，任何新事物的产生，都会在词汇的变化中映射出来。如造纸、钱庄、当铺、火车、信用卡、支付宝等，这些词都是在相应的社会制度以及生产力水平下产生和使用的，也在一定程度上反映了特定时代的社会生活、经济状况、生产力水平。

同时，语言也是人类进行思维的工具，而人的思维能力随着社会的发展也在不断演变。人类社会发展的一个突出表现就是人的认识能力得到相应的提高，人对客观世界的认识在不断深化。这些也都在语言中，尤其是词汇中体现出来，如细菌、抗体、疫苗、规律、和谐等反映了人们认识的变化以及观念的更新。换言之，一个时期的词汇往往可以成为反映这一时期社会生活面貌的"晴雨表"①。

（2）内部的原因。语言系统的内部会根据需要进行自我的调整。语言是一种交际工

---

① 晴雨表是气压表的俗称，比喻能及时反映事物变化的指示物。

具，它的根本职能就在于顺利完成交际。当社会发展对语言交际提出了更高的要求，而语言本身不能满足这一要求时，就阻碍了交际的顺利进行，这时，语言内部尤其是词汇要素就会发生变化，从而来适应社会发展对语言提出的高要求，进而达到语言内部的平衡。如"江"在古汉语中特指"长江"，后来"江"的词义被扩大，不再特指"长江"，于是便出现了"长江"一词，"江"也和其他语素重新组合成新的词，如漓江、珠江、金沙江等。词汇系统内部的这种自我调整能力，保证了词与词、词义与词义间的协同关系，以及词汇内部相对的稳定和有序。

2. 词汇发展演变的形式

现代汉语词汇的发展演变主要表现在：新词汇的产生、旧词汇的消失和复出、词义的演变，具体内容有以下几点。

（1）新词汇的产生。新词汇产生的主要途径有以下几点。

第一，随着新事物、新现象、新观念的出现而产生的新词汇。这是新词汇产生的主要方式，因此，以这种方式产生的词汇占据新词汇的绝大多数。如微信、点赞、中国梦、抖音、公众号、微博、慕课、APP、共享单车等。

第二，旧词新用而产生的新词汇。所谓"旧词"是一个相对概念，指汉语中原本就存在的词汇，由于新的用法或出现新的词义而被用作新词。如打酱油、充电、纠结等。

第三，来自外语和汉语方言的新词汇。如粉丝、克隆、可乐、宅男、给力、买单等。

第四，词汇衍生和缩略造成的新词汇。如白领、蓝领、金领、粉领、黑领、绿领。以上列举的"领"以及类似的"秀""族""热"等，均有较强的构词能力，也有学者称其为"类词缀"，意义没有完全虚化，位置又相对比较固定。另外，缩略成词的新词汇也相对较多，如高铁、超市、影星等。

总而言之，新词汇大量涌现在一定程度上折射出时代的快速发展，科技的进步和社会生活的变化是产生新词新语的源泉。每一个时代的新词汇都能折射出时代的文化观念、精神风貌以及特定的时代风尚，也能透射出特定时代的心理、文化追求。

（2）旧词汇的消失以及复出。引起旧词汇消失的原因是多方面的，因此旧词汇消失的情况也各不相同，具体原因内容有以下几点。

第一，旧事物的消失。随着社会的发展，有些事物或现象逐渐消失，有些是因为其他原因，如名词改变、社会需要改变等，导致某些词不再使用，成为旧词。当然，并非所有的旧事物的消失一定都会带来旧词汇的消失，现代汉语中有许多词汇都是表示已经消失的旧事物的，如"恐龙"等，它们有的增加了新的义项，有的归属于修辞用法，还会时常在语言使用中出现。

第二，事物名称的改变。社会在发展，语言也在不断发展，有些事物的名称发生了改变，相应地，表示这种事物的词汇也发生了改变。例如，"工资"取代了过去的"薪水"；"邮递员"取代了过去的"邮差"。又如，"日""目"，现代汉语一般用双音节的"太阳""眼睛"的例子也不胜枚举。

总而言之，随着社会的发展和人们观念的变化，一些已经消失的事物和现象观念又重新出现了，这都促成了旧词汇的复出。但是旧词的复出并不是指这种个别的或偶尔为之的情况，而是指一个已经消失的词汇重新被较普遍地、较长时间地使用时，才可以称为旧词汇的复出。例如，已经消失的事物和现象重新出现带来的旧词复生，如当铺、股票、股市、老板、债券等；观念的变化带来的旧词复生，如太太、先生（丈夫）、薪水、公务员、保镖等。

（3）词义的演化蜕变。词义的演化蜕变具体形式有以下几点。

第一，词义扩大。词汇所适用的对象从部分发展到整体，从单一事物发展到一般事物，适用对象、范围扩大等，所表示的事物或对象特征也随之变化。例如，"腿"原指"小腿"，如今"腿"既可以指大腿，也可以指小腿；"江""河"过去特指长江、黄河，如今泛指一切江河；"汉人"过去指汉朝的人，如今泛指一切汉族人民。

第二，词义缩小。词所概括的对象、范围缩小。例如，"金"原指"五金"，现特指"黄金"；"瓦"原指"陶器"，先特指"用泥土烧制的铺在房顶上的建筑材料"；"批评"原指"指出优点或缺点，评论好坏"，现指"对缺点或错误提出意见"；"丈人"原指"年长的男子"，现专指"岳父"。

第三，词义转移。原本指称某种对象的词，转而表示与之相关的另一种对象。例如，"行李"原指"使者、行人"，后来转指"出门携带的包裹、箱子"；"汤"原指"热水"，后来转指"烹调后以汁液为主的副食"。此外，词义的转移包括感情色彩的转移。

（四）词汇中的固定短语

在汉语里，有一些为人们所经常使用的固定短语，他们已成为语言的建筑材料，即词汇的组成部分，可统称为熟语。熟语主要包括以下方面。

1. 成语

成语是人们长期相沿习用、具有书面语色彩、多呈四字格形式的一种固定词组。成语作为一种特殊语汇，具有多方面的特点，主要表现为在结构上具有定型性，表意上具有整体性。

成语结构的定型性，主要是指成语的内部结构比较稳定。在语言运用中，除了成语合乎规律的演变或修辞性的活用以外，成语的内部成分一般不能随意变换，其构成成分的顺序也不能随意改动。因为成语是人们长期以来所相沿习用的，具有约定俗成性；另外它的来源有特定的背景，如果随意改变，就会失去成语所表示的特定含义，从而失去成语的身份。

四音节格式是成语的典型格式，有些少于四字的成语，被补足成四字。如"少见多怪"是从"少所见，多所怪"简化而来；"车水马龙"由"车如流水，马如游龙"简缩而成。四字格成语可分为二二两段，内部结构与复合法构词相似。另外，成语也有非四字格的，但数量较少。

成语在表意上的整体性，是指大部分成语的意义都不是字面意义的简单组合，而是统一地整体表意。如"凤毛麟角"的字面义是"凤凰的毛，麒麟的角"，实际含义是比喻"稀少而可贵的人才或事物"。"水落石出"的字面义是"水落下去，石头从水中显露出来"，实际意义是比喻"事情的真相显露了出来"。成语在表意上的类型包括：①形容义，即通过描写事物的情状来表情达意；②引申义，即在原义的基础上引而深之，扩而大之；③比喻义，借打比方的方式表意；④直言义，即意义与字面意义一致。

有效掌握成语就要利用文化背景知识。汉语中多数的成语都具有特定的文化背景，如果系统地把握相关的背景知识，就可以大量地掌握一些成语。例如，一些成语来源于古代寓言故事，这些寓言故事大多记载在《战国策》《左传》《史记》《汉书》等典籍之中，其中许多寓言都有成语的概括形式，把握了这些寓言故事，自然也就把握了这些成语。我们要学会利用成语间同义、近义、反义的联系，举一反三地掌握成语。

此外，可借助成套的固定格式掌握成语。使用成语，必须抓住意义上的整体性和结构上的定型性这两个特点了解成语的实际含义，不能望文生义。此外，要注意不要写错字，不要读错音。成语读音相对较难，除了有些多音字选择正确读音外，还有古汉语残留的一些特殊读音。

2. 谚语

谚语是反映自然、社会规律，表现人们的实践经验，流传在人们口头的一种固定语句。这些谚语，经过长期口口相传和众人的加工，不仅朗朗上口、简洁凝练，而且通俗易懂、意味隽永，给人以极大的启迪。谚语跟成语一样寓意深刻，但谚语是口头语，可独立成句。成语则是书面语，多为四字格。成语形式要求固定，谚语形式可有变化，比较活泼生动。

谚语在内容、形式、风格、表现手法上具有一系列特点，如经验性、思想性、艺术性等。经验性即谚语是人们生产或生活经验的概括，它必然要反映人们的政治和经济生活、自然社会环境、特定的典章制度、心理定势及文学艺术等文化内容，从而表现特定民族、特定社会的价值观念、心理取向以及各种经验。此外，还有很多谚语与山水名胜、风味特点传统节令①、地方掌故等都有密切联系。思想性是指很多谚语包含着朴素的真理，闪烁着智慧的光芒。这些谚语具有极强的哲理性，言近旨远、语浅意深、发人深思、耐人寻味。

3. 惯用语

惯用语是在表意上具有整体性、结构上具有定型性的习用词组，它在形式上多呈三音节。惯用语的意义不是构词意义的简单相加，而是多为通过引申、比喻产生的新义。惯用语的形式相对固定，但又较灵活多变。在不同的语境下，惯用语内部成分可以根据表达需要做相应的灵活变动，有时用三音节，有时用多音节，有时还可换用其中的成分。

惯用语的感情色彩，常见的多为贬义，也有一部分是中性的。中性的惯用语，主要是客观地说明事物或动作。但大部分惯用语具有贬义，或所指的事物缺乏积极意义，这就要求人们使用时要分清对象和场合。惯用语生动形象，通俗易懂，表现力十分强烈，能给人以身临其境的感受，且语言形式通俗易懂，为广大群众所喜闻乐见。

4. 歇后语

歇后语是由具体事物和说明解释语两部分组成的。具体事物部分是指具体事件，说明解释语部分是对具体含义进行解释、说明，即歇后语的本义所在。歇后语的类型主要包括：①喻意型，即前一部分用一个具体事物打比方，后一部分从字面或字外对前一部分进行解释、说明；②谐音双关型，即后一部分利用同音、近音的条件，构成表面和字外两层意思，并以字外意思为主。

巧妙运用歇后语，可以使表达幽默风趣。幽默风趣是歇后语的风格基调，很多歇后语都轻松、俏皮，具有较强的喜剧效果。歇后语还可使表达生动、形象，其所表达的意义富有浓郁的生活气息，通俗、浅显，具有鲜明的形象感，相比于一般的表达更加有力。

（五）词汇的运用

语言实践对词汇的运用提出了很高的要求，或准确妥帖，或鲜明生动，或简洁精炼，或多方照应。为了达到这些要求，必须注意以下方面。

第一，注意辨析词义，尤其是要辨析同义词之间的各种意义上的细微差别。辨析可以从识别不同义项、衡量语意轻重、掌握范围大小、分清使用对象和区分词汇色彩等方面进行。

第二，注意语体色彩。有些同义词，语体色彩不同，有的具有口语色彩，有的具有书面语色彩，有的介于口语、书面语之间。口语色彩的词多用于日常口语，比较通俗、平

---

① 节令是节气时令的意思，指某个节气的气候和物候。

易，具有浓郁的生活气息。书面语色彩的词汇，一般会经过一定的加工，显得文雅、庄重。

第三，注意色彩变化。有些词汇完全没有感情色彩，但在特定语言环境中可以临时产生感情色彩。

第四，注意音调和谐。音节搭配恰当，可使音节、音步匀称、平稳，有节奏感，给人以整齐和谐的美感。一般而言，单音节与单音节、双音节与双音节、多音节与多音节互相搭配，使音节互相对应，这样，读起来的节奏感更强。一些意思相近的词汇，有单音节、双音节、多音节形式，在使用时，要根据上下文进行挑选，要尽量多用双音节和四音节的词汇。汉语的词汇趋向双音节和四音节化，这种音节结构比较整齐，富有节奏感。

第五，注意词汇规范。现代汉语词汇，从古汉语词汇、方言词汇、外来语词汇、行业语词汇中吸取了有表现力的词汇，还随着社会的变化在不断产生新词。词汇是语言中变化最快的，既要看到词汇的发展，又要对词汇加以规范。

二、词汇的相关系统

"词汇具备了系统的三要素，即元素、秩序和功能，因而词汇是一个系统，整个词汇系统像一个层级装置，有序地运转，从而完成组句、交际的助能。"①

（一）词汇系统——词义系统

词义即词的内容，词所表示的意义。词义具有概括性、模糊性和民族性。词义由概念义和色彩义两部分组成，色彩义又包括感情色彩、语体色彩和形象色彩。义项是词的理性意义的分项说明。根据词的义项的多少，可以把词分为单义词和多义词两种，多义词的几个义项间有一定的联系。同音词是指语音相同而意义完全不同的词。要注意同音词和多义词的区别。注意同义词的辨析和应用，反义词的类别和应用。

1. 词义的认知

词义即词的内容，词所表示的意义，词的语音形式和文字书写符号都是词义的载体。词义包括词汇意义和语法意义，一般指的是词汇意义，即词典中解释的词的意义。例如，"树"的词义，在词典中被解释为：木本植物的通称，种植、栽培，树立、建立等。词义可以反映出人们在长期的社会生活过程中，对客观外界的事物、现象或彼此间关系的了解认识。即使像"月宫""嫦娥"这种虚构的事物，也是事物在人们头脑中的曲折反映。

2. 词义的特征

词义是人们通过词的形式反映对主客观世界的理解和认识，词义的特征主要表现为概

---

① 于宝萍：《论词汇的系统性》，载《山东行政学院学报》2011 年第 2 期，第 148 页。

括性、模糊性和民族性。

（1）词义的概括性。词义的概括性指的是词义所指称的事物、现象或关系不是具体的、个别的，而是对一类对象的概括反映，如"花"是种子植物的有性繁殖器官，由花瓣、花尊、花托、花蕊组成，有各种颜色，有的很艳丽，有香味。这种对花的释义是在综合了桃花、杏花、梨花、喇叭花、百合花、玫瑰花、菊花、梅花等众多不同类型的花的特征的基础上总结概括出来的，强调本质的共同的特征，是共性、概括性，舍弃个体间的个性和差异性。不仅普通词汇的词义具有概括性，而且专有名词的词义同样具有概括性。如"北京"，就是对这个城市的文化、经济、历史、现状等各方面的概括。

（2）词义的模糊性。词义的模糊性并非指词义解释模糊不清，而是指词义的界限不明确，有不确定性。因为词所指称的事物本身就存在着边界不清、界限不明的情况。例如，"青年"所指的具体年龄区间很难明确界定；又如，时间名词"上午"，具体每天的哪些时间段指的是上午。词典上的解释是"从清晨到正午 12 点的一段时间"，这个解释中 12点相对明确，但"清晨"的具体时间段并没有明确地说明。词义的模糊性只是指词义的界限不明确，存在不确定性，但词义的核心内容还是确定且明确的。另外，词义的模糊性也恰恰反映出事物间的连续性、不间断性，或者内在的密切联系。如"童年、少年、青年、中年、老年""早晨、上午、中午、下午、晚上"等。

（3）词义的民族性。不同民族由于生活环境、思维习惯、语言系统、历史传统等方面的不同，通常会形成认知上的差异，这种差异反映到词义上，就会造成词义的民族差异。主要表现在同类事物词义概括的范围有大有小，例如大家都很熟悉的英语当中亲属的称谓词 uncle 和 aunt，转换到汉语中，则对应多个亲属称谓：叔叔、伯伯、姑父、姨夫、伯母、姑母、姨母、舅母等。基本词义相同的词在不同语言中也会出现不同的引申义，不同民族间对词义的理解会有差异，相同的事物也会附加不同的民族情感，出现不同的色彩义。例如，"狗"在不同语言中就会表现出不同的感情色彩，"红色"在汉语中也有着特殊的意义。

3. 词义的组成

词义包括概念义和色彩义两部分，具体内容有以下几点。

（1）概念义。概念义被人称为理性义或词汇义等，主要指词义中同表达概念有关的意义部分，是词义中反映客观事物自身的那部分内容，是词义中的主体部分。一般词典中对词目的解释，主要就是围绕概念义进行的。例如，"汽车、火车、动车、动车组、高速铁路"都是交通工具，但每一种交通工具又各有自己的特点，词典把每个词的概念义做了清晰、准确的解释，便于人们理解区分。

（2）色彩义。概念义是词义的主要部分，除了概念义，还有附属于概念义的色彩义，也叫附属义、情感义，主要表达人或语境所赋予的特定感受。具体包括：感情色彩、语体色彩、形象色彩。

第一，感情色彩。感情色彩指词义中所反映的主体对客观对象的情感倾向、态度、评价等内容。感情有好恶贬，因此感情色彩可以分为褒义、贬义和中性三种。

首先，褒义词是指附加在某些词汇上的表扬、喜爱、肯定、尊敬等感情的词汇，带有褒义色彩的词就是褒义词，如优异、成就、美好、成果、崇敬、友善、热情、勤奋、雄伟、英雄、纯朴、鼓励等词汇；其次，贬义词是指厌恶、否定等感情的词汇，带有贬义色彩的词就是贬义词，如懦弱、小气、庸俗、刻薄、卖弄、武断、蛮横、粗鲁、糊涂、自满等词汇；最后，中性词是指既没有褒义色彩，也没有贬义色彩的词，总体而言，中性词的数量众多，并且远超褒义词和贬义词的数量，如电脑、楼房、风扇、小河、草地、旅游等词汇。

一般而言，词汇的感情色彩相对稳定，但在某种特定的语境中，有些词的感情色彩会发生变化。词汇的感情色彩反映了人们对事物的爱憎和褒贬。使用词汇，特别是使用同义词，不仅要弄清词的意义，对带有感情色彩的词，还要分清是褒义词还是贬义词，根据表达的需要恰当选用，这样才能把自己的思想感情准确、鲜明地表达出来。感情色彩除传统所认定的褒义、贬义、中性三种类型之外，还有个别人提出应该有恐怖、喜悦、痛苦、悲凉等情感类型。例如，"成功""捷报"富含喜悦感情色彩；"失败""失恋"富含痛苦感情色彩；"秋风""落叶"富含悲凉感情色彩等。

第二，语体色彩。语体色彩也称文体色彩，有些词汇经常在某种语体中使用，便带上了该语体所特有的色彩。语体可首先分为口语语体和书面语语体。书面语语体还可以进一步分为文艺语体、政论语体、科技语体、公文语体四种；也有学者提出融合语体，即融合了口语和书面语两种语体特点，如广播电视语体、网络语体、辩论语体等。大多数词汇都是既可以用在口语中，也可以用于书面语中。只用于或较多用在口语中的词，便带有口语色彩，我们称之为口语语体的词，如白搭、纳闷、琢磨、节骨眼儿、脑门等。一般只用在或较多用在书面语中的词便带有书面语色彩，如"法人""井喷"带有科技语体色彩；"此致""为盼"含有公文语体色彩。带有相同语体色彩的词聚在一起，就形成了相应的语体风格。

第三，形象色彩。形象色彩是通过具体的描摹、比喻等手法使词义表达更富有形象感，往往注重对事物的色彩、形象、声音、味道等进行具体形象的呈现。这种附加色彩能凸显事物某一方面的特征，给人形象感的同时，也易于引发人们丰富的想象。例如，"喇叭花"通过描写事物的外形，使花的形状特征得到凸显，让人印象深刻。

（二）词汇系统——来源系统

现代汉语词汇是一个复杂的体系，可以根据不同的视觉看到不同种类的词汇。例如，基本词汇、一般词汇，这是根据词汇在词汇系统中的地位、作用的不同分出的类别；书面语词、口语词、通用词，这是根据词汇的语体特征的不同所分出的类别；单纯词、合成词，这是根据构词过程中语素的数量多少分出的类别；单义词、多义词，这是根据词汇意义数量的不同分出的类别；实词、虚词，这是根据词汇的意义是以词汇意义为主还是语法意义为主分出的类别；名词、动词、形容词，这是根据词类的不同分出的类别。

1. 基本词汇以及一般词汇

（1）基本词汇。

第一，基本词汇的认知。基本词汇是一种语言中，人们日常使用最普遍、最主要、词汇最稳定的部分，也是词汇体系的核心和基础。如天、地、人、车、眼、耳、鼻、舌、男、女、来、坐、睡、学习、快乐等，都是与人们的日常生活联系最密切的词汇。常见类型有七种。①表示自然界事物或现象的：日、月、山、河、天、地、风、雨等；②表示生活与生产用品的：桌、椅、锅、碗、手机、电视、水、菜等；③表示人体各部位的：眼、口、手、脚、头、心等；④表示亲属关系的：爸爸、妈妈、爷爷、奶奶、哥哥、姐姐等；⑤表示具体行为的：走、坐、吃、睡、看、说、来、去等；⑥表示时间和方位的：年、月、日、分、秒、上、下、左、右等；⑦表示数量的：一、二、三、四、五、六、七、八等。基本词汇反映了自然界和人类社会生活中一些最基本的概念，使用频率最高，生命力最强，是构成新词的基础。

第二，基本词汇的特点。基本词汇的特点包括以下三点。

首先，稳固性。许多基本词汇已经存在百年甚至上千年的时间，尤其是单音节基本词汇，有些在甲骨文里就已出现，其义至今仍能保持基本不变，足见其稳定性。基本词汇的稳固性，并非一成不变，随着社会的发展演变，基本词汇的数量也在不断调整增加，如汉语在从古代汉语向现代汉语的演变过程中，逐渐的双音节化了，"日"逐渐被"太阳"代替，"目"被"眼睛"代替，但"日、目"在使用时依然保持了"太阳、眼睛"或与此有关的词义。

其次，能产性。能产性表示基本词汇具有较强的构词能力，作为构词成分经常参与构造新词。随着社会的发展进步，语言也在不断发展变化，以适应新的交际需要，词汇是语言三要素中最活跃、最敏感的部分，构造新词就是语言发展进步的体现。基本词汇最为大众熟悉，利用基本词汇构造新词最易于被大众了解、接受，也可适当减少记忆成本，例如，"人"属于基本词汇，它可以和许多成分组合成词，如人们、人民、人口、人员、人品、人道、好人、国人、人证、人中、人种等。由此可见，基本词汇的构词能力是非常强的。

最后，全民常用性。基本词汇不仅使用频率高，而且使用范围广，可以说在日常生活中不可或缺。因为基本词汇代表着常见的事物或现象，凡是使用普通话的人，不分群体、行业、性别、年龄、地域、文化程度，全民族通用。

（2）一般词汇。词汇体系中基本词汇之外的都属于一般词汇。一般词汇是一种语言中，人们日常生活中较少使用的或者不稳定的词汇的总和，即不是全民常用的，而且具有变化迅速，缺少历史稳固性、容易发生变化的特点，其使用频率和构词能力都不如基本词汇。一般词汇所包含的词，数量庞大、成分复杂、变化迅速，社会在发展时发生的变化，一般先会在词汇中得到反映。

另外，我们也很难把基本词汇和一般词汇截然区分开来，它们之间的界限是比较模糊的，有时彼此间的关系也会发生转化，如有些一般词汇慢慢被弃用，转变为历史词语；而有些一般词汇则是在社会发展过程中新近产生的。基本词汇和一般词汇的界限也是不断变化的，有时很难确定。同时，基本词和一般词汇又是紧密相连的，一般词汇中有许多词是新造词，这些新造词都是以基本词汇中的根词为基础创造出来的。一般词汇和基本词汇都是社会生活中常用的词汇。

2. 现代汉语词汇的主要来源

语言的发展有积累继承的一面，也有不断发展丰富的一面。现代汉语普通话的词汇是由古代汉语和近代汉语词汇发展而来的，是由不同来源的词汇汇聚在一起，形成的一个开放的、动态的系统，保证了现代汉语词汇可以不断得到补充、丰富和完善。在现代汉语普通话词汇形成过程中，主要的来源包括：传承词、古语词、方言词、外来词、行业词、社区词和新词汇。

（1）传承词。传承词是指从古代、近代汉民族语言词汇中流传下来而为现代汉语词汇所承接的词，传承词从古至今一直沿用，有些在词义和词的结构上发生了变化，但总体上具有稳定性，成为现代汉语词汇的基本构成成分。传承词大多是基本词汇，是词汇的核心部分，整体上虽然数量不多，但是使用频率高，且生命力顽强。如天、地、人、山、水、石、日、月、火、吃、走、猪、狗、牛、羊、高、大、上、下、身、手、足、耳、美、好、土地、国家、天空、树木、人民等词。这些词汇历史悠久，一直到今天依然十分活跃。个别词的词义和结构上发生了变化，例如，"走"在古汉语中指"跑"，今天最常用的意义则是"行走、步行"的意思。又如，"国家、妻子"在古汉语中都是两个词，表示"国、家，妻和子"，而在现代汉语中它们都变成了一个词，其中"家""子"的意义消失，只保留了"国"和"妻"的意思。

（2）古语词。古语词来源于古代汉语，指古汉语中某些反映当时具体事物的词汇，在现代一般不常使用，只在一定场合，一定情况下如在历史书籍、文学作品、影视作品或外交场合才使用的具有典雅古朴色彩的词。如兵符、殿试、及第、登基等词。古语词包括文言词汇和历史词汇。文言词所表示的事物或现象还存在于本民族的现实生活中，现代汉语一般不用它来指称，已经有新的词汇来替代它，这些文言词偶尔会出现，均具有浓重的书面语色彩。如其、之、甚、如此、而已、怎奈、何其等。历史词表示历史上出现过但现实生活中已经消失了的事物或现象，一般交际中不使用，只在叙述历史事物或现象时才使用。如放榜、奏章、亲政、奏折、兵符等。古语词在表达上也有其独特的作用，可以使语言简洁匀称，富有节奏感，可以表达庄重严肃、古朴典雅的语义色彩，有时可以表达讽刺、幽默的语意。

（3）方言词。方言词包含两个意思。①仅限于某一方言地域内使用的词汇，普通话词汇系统里没有，又称一般方言词。我们国家幅员辽阔，方言丰富，每个方言区内都有适用于本方言的词汇用语，这是方言区人们交流沟通的重要工具。②来源于方言，已经被普通话吸收的词。这里所讲的方言词是指普通话词汇系统里的来自方言的词。根据交际需要，从方言词里借用某些方言词是普通话词汇的重要来源。普通话吸收方言词的原因包括：①某个方言区特有的词，普通话中没有，但需要使用；②为了达到特殊的表达效果或修辞目的，普通话当中没有相对应的词汇。

因此，在一定的条件下，有些方言词汇随着使用范围的扩大，逐渐在全社会流通使用，并最终进入普通话的词汇系统，成为普通话词汇中的一部分，这就是所谓的普用方言词。如行、中、靓、晓得、溜弯、别扭、尴尬、把戏、名堂等词，都是普通话从各方言中吸取来的词。有些方言词随着时间的推移，方言色彩逐渐消失。方言词多来自民间口语，语言更加生动形象，如"莲蓬头"，指淋浴的花洒、喷头，因形似莲蓬头而得名。

方言词进入普通话的数量与速度，与方言区的经济、文化、政治因素有着密不可分的关系。例如，20世纪80年代，广东经济相对发达，这一时期广东话当中的许多词汇就逐步进入了普通话词汇系统，如酒楼、买单、T恤衫、爆满、冲凉、曲奇、爆棚、打工、饭店、结账、饼干、客满、巴士等。目前，部分影视节目、电视节目或主持人也会使用到方言词，甚至说某个地方的方言，换言之，媒体肩负着推广普通话、使用规范汉语的责任，但方言也在一定程度上代表了不同的地域特色，体现了文化的多样性。因此，方言词的使用要恰到好处，偶尔出现的方言词可以为节目增彩，但使用过多，会影响信息的传达。主持人语言中的方言词对方言及地域文化的保护、传承及发扬有一定的作用，所以使用时注意选择意义积极、能代表当地文化传统的方言。

（4）外来词。外来词也被称为借词，指从其他语言里借来的词。例如，法兰西、巴尔干、榜、加仑、模特儿、摩托、马达、幽默、浪漫等。随着国家与国家间交往的日益密切，外来词的出现和使用是一个不可避免的趋势。语言是社会发展变化的一个重要载体，不同国家、民族的接触使文化与语言不断融合。早在先秦两汉时期，汉语就已开始吸收外来词，如葡萄、玻璃、琵琶、胡椒、缘分、地域、清静、善恶等；清朝初年，从满语中吸收的如额娘、格格等；晚清时期从俄语中吸收的马达、苏维埃、卡路里、吉他等；改革开放以后，汉语从英语中吸收了大量的外来词，涉及社会生活的多个领域。

现代汉语吸收外来词，一般而言不是简单的搬运，而是要从语音、语法、语义甚至字形上进行一番改造，使它适应现代汉语结构系统，成为普通话词汇的成员。在语音上，要将外来词的音节结构改造成汉语的音节结构；在语法上，外来词进入汉语词汇后，原有的形态标志就一律取消。例如，英语的tractor，有单数、复数的变化，该单词进入现代汉语结构系统成为"拖拉机"这个译词后，就不再区分单数、复数了。另外，外来词的意义受汉语词义的制约，通常也要发生变化。如英语的jacket原本指"短上衣"，汉语吸收进来这个词汇后就成为"夹克"，专指"一种长短只到腰部，下口束紧的短外衣"。因为汉语词汇当中已经有表达"短上衣"概念的词，这就使外来词的词义发生了变化。

外来词进入普通话的主要方式有五种。①音译词。用音同或音近的汉字来表示外来词的读音，这类外来词数量最多。如巴士（bus）、比基尼（bikini）、克隆（clone）、蒙太奇（montage）、摩登（modern）、沙龙（salon）。②半音译半意译。半音译半意译是指将外语词一分为二，一半音译，另一半意译。如冰激凌（ice-cream）、新西兰（New Zealand）、北卡罗来纳（North Carolina）。③音译兼意译。整体是音译，同时兼顾意译。如基因（gene）、可口可乐（coca-cola）、俱乐部（club）、家乐福（carrefour）。④音译加汉语语素。音译加汉语语素是指整个词音译后，再加上一个表示义类的汉语语素。如啤酒（beer）、吉普车（jeep）、芭蕾舞（法语ballet）、沙丁鱼（sardine）、厄尔尼诺现象（西班牙语El Nino）。⑤借形词。首先，直接借用英文字母的词汇，或英文字母加上汉语语素或数字构成；其次，汉字借形。汉字借形是从日语中借鉴的，是日本人借用汉字创造的词，汉语再从日语中借来但是借字不借音。

另外，需要注意的是单纯的意译词不是外来词，这说明外来词出现明显的意译化趋势，表现了汉语对外来词的影响。此外，外来词的音节语素化，也是外来词汉语化的一个表现。互联网时代，全球化是大势所趋，资源共享，信息互通的现实需求使外来词走进人们的生活并被广泛接受和使用。新闻媒体或节目主持人应选取使用率高，其代表的事物、观念已被人们熟悉的外来词传达信息。外来词的出现频率高低与节目内容、传播对象有直接关系。老年人、新闻类节目使用较少，女性节目、谈话、综艺类节目使用较多。外来词一旦出现在主持人语言中，就说明这个词汇已经有很高的使用率，并且有固定下来的趋势。电视节目是受众获取信息的一个重要渠道，主持人作为公众人物容易得到广大受众的信任，外来词一旦从主持人口中说出，它们的使用频率必然升高，主持人对这部分词汇的使用要极为慎重。

（5）行业词。行业词是各个行业应用的专有词汇，它们对各行业的语言交际有十分重要的意义。此外教育、生物、化学、物理、科技、经济等各行业都有自己的行业用语。行业词汇也是丰富普通话词汇的源泉之一。例如，比重、水平、渗透、腐蚀、反应、感染、消化、突击、尖兵、攻坚战等。行业词首先在本行业内使用，但随着该行业对社会的影响，以及人们在日常生活中使用这些行业语的频率增多，许多行业语已经成为普通词汇，这也就是人们所说的行业词汇泛化现象，或行业词汇跨域使用的现象。如市场需要短平快的产品。

（6）社区词。社区词是指在某个社区流通，反映该社区政治、经济、文化的特有词汇。"社区"是由不同社会制度、不同的社会形态等原因形成的。社区词不是方言词，如香港和广州都属于粤方言区，方言词汇基本一致，但从社区角度而言，香港就是一个社区，广州同北京、上海、成都等同属一个社区。由于社会制度不同，导致不同地区在政治、经济、文化、教育、生活等方面出现差异，从而造成人们在思想、观念、认识上的不同，也就相应地出现不同的社区词。

随着国家改革开放的不断深入，我国与海外华人社区的接触日益频繁，各个社区之间语言也有了更多接触交流的机会，很多社区词也逐渐流行开来，如白马王子、蓝领、白领等已经进入普通话词汇系统，成为人们熟悉的生活用语。

（7）新词汇。随着社会的发展，时代的变迁，新事物、新观念不断涌现，相应地，表示新事物、新概念的词汇也在不断涌现。从第一部词典《尔雅》到《康熙字典》，再到如今的《现代汉语词典》，收词总数一直在不断增加。近年来《现代汉语词典》多次修订，也在不断增加新词的收录。因此，新词数量的持续增加是词汇发展的一个普遍规律，每个时代都有自己的新词汇或流行词汇。

新词新语的出现是语言发展变化的必然结果，是语言丰富的表现，代表了语言的生命力和创新性，也是社会发展的必然产物。新词新语往往形象生动、幽默诙谐，富有修辞色彩，是人们追求语言表达新颖性的表现。但也要注意新词新语的规范使用。

三、词汇的具体规范

"随着经济社会的快速发展，现代汉语言的许多词汇产生了许多的新用法，伴随而来的是语法使用上的变迁。"① 语言是一个不断发展变化的动态系统，语言的发展变化有语言外部的原因，也有语言内部的原因。同时，语言是发展变化的，词汇在语言三要素中最为敏感、最为活跃，变化也最为迅速。因此，词汇在发展变化的过程中，不可避免地会出现一些不规范的现象，为了使语言词汇健康发展，必须人为、主动地按照词汇发展规律对其进行调整使其规范化，为了更好地发挥词汇的交际作用，有必要根据词汇的发展规律，确定明确统一的标准，并根据这一标准做好词汇的规范化工作。

（一）异形词的词汇规范

异形词指现代汉语书面语中两个以上并存并用的音同、义同、书写形式不同的词汇。例如，笔画—笔划；成分—成份；人才—人材；蔬菜—菜蔬；健康—康健；直率—率直；响声—声响；讲演—演讲；力气—气力；剪裁—裁剪；路线—线路；和平—平和。

（二）维护词汇的既有规范

维护词汇的既有规范，就是避免用错已有的词汇。这一点涉及音、形、义等词汇使用的各个方面，个别字音的认读、字形的正确写法，以及词义误解误用、同义词选用不当、成语误用等都是词汇规范的重点。读音的规范，如作家"老舍"的"舍"和"鸿鹄"的"鹄"等。词汇混用或误用的例子，如"泄露"和"泄漏"；"截止"和"截至"；"捍卫"和"撼卫"；"捍动"和"撼动"；"家具"和"家俱"；"打蜡"和"打腊"；"精粹"和"精萃"等。

词汇误用的情况，一般而言是对词义的理解不够准确导致的，如"凡高等学校本科毕业或具有同等学历，思想进步、业务优秀、身体健康者均可报名"。"学力"是学习能力和知识水平的简称，指一个人的知识水平以及在接受知识、理解知识和运用知识方面的能力。而"学历"，意为求学的经历，指曾在哪所学校毕业或肄业。根据句意应该使用"同等学力"而不是"同等学历"。

（三）吸收词汇的规范

吸收方言词、外来词、古语词和新词新语是丰富现代汉语词汇的重要渠道，但要遵循三个原则。①必要性原则：要考虑一个词在表达上是否为必不可少的，该词在现代汉语普通话词汇中有无存在的必要。②普遍性原则：要选择大家普遍使用的或使用频率较高的词。③明确性原则：选用意义明确，并且已经为大家所了解或容易为大家理解接受的词。

1. 方言词的规范

现代汉语民族共同语即普通话的词汇，就是在北方方言的基础上发展起来的，但是普

---

① 刘梅：《现代汉语言语法与词汇规范的对比分析》，载《南昌教育学院学报》2013 年第 12 期，第 42 页。

通话词汇远比北方方言区任何一个地方的方言词汇都更丰富多彩，也更具有普遍性。因此，普通话词汇的规范应以北方话为基础，普通话吸收方言的词汇要有一定的原则和条件。

有些方言词所表示的概念，普通话里没有合适的词汇来表示，这时，普通话需要借用方言词以补不足。如垃圾、尴尬、名堂等。各类方言中词义范围大小不同的词，需要以北方方言习惯使用的含义为准。那些标志着只在某个或某些个地区产生和存在的事物的词，如广东的荔枝、榴莲，西北的青稞、牦牛等，不应看作"规范对象"，普通话没有相对应的词汇，可以直接吸收使用。

另外，对方言词汇的规范，并不是绝对反对使用未被普通话吸收的方言词。在艺术创作中，为了刻画人物、描绘环境，适当地在人物对话中使用方言词是完全可行的，也是十分有必要的。方言词用得好，既可以发挥它们的特定的表达效果，又可以为丰富普通话提供可以吸收的素材。方言词对方言及地域文化的保护、传承及发扬有一定的积极作用，使用时要注意多选取意义积极、表意明确、文明健康的方言词汇。

2. 外来词的规范

吸收外来词对丰富本民族语言词汇，增强语言表达能力，有积极作用，但是需要注意以下三点。①不滥用外来词。不加选择地滥用外来词汇，有损汉语的纯洁性，需要加以限制。因此，能用汉语的语素表示的尽量用汉语语素，如"taxi"，今天我们一般用"出租车"表示。②统一外来词的汉字书写形式。用"啤酒"，不用"皮酒"；用"桑拿"，不用"桑那"或"桑纳"。③汉语吸收外来词，尽量采用意译方式。如"E-mail"，过去写作"伊妹儿"，今天多用"电子邮件"表示，又如"维他命"现在用"维生素"，"麦克风"现用"话筒"，"卡通"现在用"动画"，"派对"现在用"晚会"。

3. 古语词的规范

适当吸收古语词，是丰富现代汉语词汇的一个重要途径，但是应该吸收那些有一定表现力或适应特殊场合需要的古语词，如：呼呼、衰慎、逝世等。对于那些已经失去了生命力的古语词，则无须吸收；已被现代汉语取代的古语词，普通话不再采用；生涩难懂的古语词不吸收；另外，也应注意杜绝文白夹杂的现象。

4. 生造词的规范

新词汇是适应交际需要、社会需要而产生的，具有一定的合理性和必要性，它遵循语言构词造词的规律和表义明确易懂的原则，如果违背上述原则，只顾个人的意愿，生拼硬凑、胡乱缩略，或破坏已有的词汇形式，造出的词既不表示新事物或新观念，也无特殊效果，意义含混不清，不为广大群众理解接受，只能是生造词汇，必须加以规范。如这里的

"赴学""脱骨换胎""精绝""宿望"都属于生造词汇。

避免生造词汇，要和带有修辞用法的仿词区别开来。"生造词"是新造的，但它既不表示新事物或新概念，也无特殊效果，而且意思含糊不清的词汇。"仿词"则是一种修辞手段，是根据表达的需要，更换现成词汇中的某个语素，临时仿造出的词汇，仿词和被仿的词往往同时出现，如：阴谋—阳谋、低估—高估、新闻—旧闻、遗老—遗少、先进—后进。每组词都通过反义联系构成，形式上与原有词汇具有近似的特点，内容上又包含新意，给人新鲜活泼、新颖别致的感觉，有时又能表达讽刺或幽默的意味，带有修辞色彩。

语言是社会的产物，社会性是它的特点之一。是创造还是生造，根本要看社会上承认不承认。造得好，社会上承认，即使不是"古已有之"，也不应以生造视之。反之，某些词汇社会上不承认，那就是生造。

另外，每个行业都有它自己的特殊用语、特殊用法。如铁路部门有"以远、以近"，这些都为同行业的人所承认，也不是生造。

5. 新词新语的规范

新时期以来，随着经济、文化各方面的迅速发展，语言生活中的新词、新语、新用法不断涌现，尤其是网络的普及，网络用语已经逐渐从网络空间渗入人们的日常生活。因此，关于新词新语的规范问题自然成为人们关注的对象，判断新词、新语、新用法是否符合规范的标准。

（1）表义明确的需要。语言是交际工具，表意清楚明确，才能为人们理解和接受。而有些网络词汇，如"累觉不爱""蓝盆友"等，乍一听一看，让人不明就里，表意含混晦涩，违背了语言交际工具的性质。而像"雷人""给力""宅"等网络新词，形式简洁，表意清楚，容易被理解接受，就容易长久地留存下来，成为人们日常交际的用语。

（2）交际需要的原则。任何语言只有交际需要、社会需要，才能保持旺盛的生命力。

第一，表达新事物、新概念的需要。微信、智能手机、数据库、共享汽车等都是新生事物，现代汉语的词汇系统中没有相对应的词汇，因此，只能重新创造一个新词来指称相应的事物或观念。

第二，经济原则的需要。语言运用有经济原则，语言运用要简洁明了，省时省力。缩略语很好地体现了语言的经济原则。缩略成词时也有其内在的规律，即使用频率越大，词汇长度越短。词汇之间的凝固程度越高，减缩成词的可能性越大。如卫视、邮编、超市、空姐、高铁、女排等。

第三，修辞的需要。语言表达追求好的表达效果，语言生动活泼、新颖别致，更易受到大家的追捧。如以下词汇：得劲——给力；新手——菜鸟；犹豫——纠结。每组词汇中，后一个是新词汇，其表达效果要明显优于前者。

网络语言追求新奇鲜活、生动幽默、个性色彩等陌生化的表达，更能表现网民无拘无束的游戏心态，自由地宣泄自己的情绪，在一定程度上促进了传统语言的更新、发展，丰富了汉语的词汇库。另外，由于互联网的开放性、虚拟性及快节奏、低门槛，网络参与者文化水平、价值取向不同，网络语言难免鱼龙混杂，拉低了流行文化的水准，消解了现有语言文字的内涵，也有违典雅、端庄、大气的语言之美，影响了汉语的纯洁性，对规范地使用汉语提出挑战。互联网是当今社会最鲜活的汉语应用场所，网络语言应在保持其特性与优势的基础上，去芜存菁，激浊扬清。

（四）词汇规范化的注意事项

1. 需要全面考虑语言的职能

语言是人类用于交际、思维和文化传承的最为重要的符号系统。词汇作为语言的重要子系统，在进行规范时当然应当充分考虑到语言的三大社会职能，而在过去较长的时期里，人们进行语言规范时大多只考虑语言的交际职能，这显然是不全面的。

交际和思维具有极大的惯性，这种惯性在自幼习得语言时就形成了基础，并在以后的语言实践中逐步完善。这里所谓的"惯性"，是指建立在语感基础上的语言使用习惯。改变语言的使用习惯是十分不容易的，其需要有较为长期的更改惯性过程。因此，对已有的词汇进行规范，应当充分考虑到使用语言的惯性。

语言不仅是人类交际与思维的工具，而且也是记录文化、传承文化的最为重要的载体。现代语言是历史积淀的结果，词汇规范要充分考虑到语言的历史连贯性，考虑到语言的文化载体性质。以异形词为例，若仅从交际职能来看，一组异形词只使用一个形式就足够，但是《第一批异形词整理表》并没有废除其他相对应的词形，这里面就有对于文化和语言历史连贯性的考虑。各个异形词都是历史的产物，这些不同形式的产生都包含着一个"语言故事"，或构词理据不同，或因通假用字所致，或有雅俗风格之小别，甚或有意义之微异。

例如，"鬓角"与"鬓脚"的构词理据就不相同。"鬓角"是因其部位呈锐角而得名，而"鬓脚"是由"鬓发之根"而得名；"百废俱兴"和"百废具兴"，"具"通"俱"，是假借字①；"淡泊"与"澹泊"，前者风格趋向俗白，后者风格较文雅；"人才"与"人材"，意义上也稍有差异，"人材"含有比喻的因素。这些差异在整理异形词的时候也许可以忽略不计，但是这些词必然都记录着语言的"历史故事"，并且对研究汉语发展史和阅读历史上的文献还有一定的价值。这也是《第一批异形词整理表》只给出一组异形词推荐形式而没有废除其他形式的一个重要原因。

075

---

① 假借字是指假借已有的音同或音近的字来代表所想表达的字或意。

2. 需要考虑不同领域的词汇特点

不同领域使用的词汇有共性也各有特点，词汇规范需要考虑不同领域的词语特点。词汇一般分为通用词汇和专用词汇，通用词汇是全民族交际通常使用的词汇，专用词汇是某一领域或行业交际常用的词汇。通用词汇中存在着较多的同义词、多义词等；而专有名词和科技术语，则都要求所指具有唯一性，同义术语、多义术语往往成为规范的对象。仅此而言，通用词汇与专有名词和科技术语有所不同。

但是，专有名词和科技术语也有各自不同的特点。例如，专有名词中的地名，具有极强的民族文化特征，许多地名都体现着古代文化和古代语言。如河南的项城、息县、邓州、巩县、杞县、温县、密县、许昌、禹州、上蔡、新蔡、虞城等地名，都是夏至春秋时代的古国名，保留着当年中原大地古国林立的史实；河北的邯郸是古赵国的国都，邯郸的一些地名如回车巷、插箭岭、铸箭炉、梳妆楼、照眉池等，记录着发生在古赵国的多个故事；海口的美兰机场的"美兰"其实是"母栏"（母氏之家）的雅化，以"母"命名的习惯可以追溯到甲骨文、金文时代，且与东南亚的一些地区有相通之处。"美兰"及其海南的一些相关地名，保存了语言学的丰富资料，昭示了古文明的某些迹象。地名规范要充分考虑"得名之由"和人们的雅化心理，不能只从书写的繁简着眼，简单地用同音替代。地名的读音常常保留着古音或方音，地名语音的规范也是值得研究的课题。

科技术语相比一般词汇更看重对概念的准确揭示，因为术语系统本质上就是概念系统，科技术语的规范实质上就是对各有关学科概念系统的梳理。对历史中存在的科技术语进行整理是必要的，但是科技术语工作更应着眼于现在和未来。当前其他国家在科技发展上占优势，因此将外语中的科技术语快速而准确地翻译成汉语，就成了当代中国术语工作的一个重要任务。科技术语应当按照汉语的构词法进行汉化，但是科技术语的翻译往往时效性特别强，于是产生了原形照搬或对原形稍加改造的字母词，如 IT 行业、E 时代、NT 技术①等。

当今科学技术发展的一个重要特征是横向传播周期快速缩短，一个领域的科学技术较快地渗透到其他学科，即科技术语使用上的"转域"，常带来意义的变化，使科技术语由单义变为多义；如今社会生活的科技含量迅速提高，科技术语有更多的机会进入到一般的社会生活，成为通用词汇。科技术语的生活化或科技术语的通用化，经常会伴随出现俗名，如"计算机"俗称"电脑"；"无线移动电话"俗称"手机"，从而出现一实多名的现象。而且华人社区遍及海内外，大家都在按照各自的理解翻译科技术语，这也会出现同一个科技术语会产生多种汉译的现象，如内地的"软件""信息"，在台湾称"软体""资

---

① NT 技术指 New Technoly 即新技术。

讯"等。科技术语的使用规范显然有自己的特点,对科技术语进行规范必须考虑它的特点。

3. 需要处理好学理与俗实的关系

词汇规范的学理,指的是词语构成的理据、词汇的系统性和词语发展的规律。词汇规范的俗实,指的是词语的社会实际应用状况。学理与俗实总体而言是一致的,这是因为:一方面,学理来自对语言事实的研究,来自多年语言俗实的分析与总结;另一方面,语言有依照语言规律(学理)自我调节的功能,词汇发展也是有规律的。

但是,学理与俗实也常有分歧,这是因为人们对研究对象的认识总是有局限的,所得到的学理并不是充分的;语言是动态的,时时处于发展变化之中,不同人所使用的语言,必然会出现各种各样的不合规律的变异。语言中出现的不合规律的变异,或形成新的规律,需要通过规范使其合乎规律。

语言不是理想的逻辑结构体,学理与俗实的分歧是正常的,同时也是必然的,处理学理与俗实的分歧是规范工作所必须面对,并且需要妥当解决的问题。在处理学理与俗实关系的时候,首先,需要有一个平和良好的心态,不应过分夸大俗实中不合规律的现象的严重后果;其次,不能放弃积极引导的学术权力,对待规范也应持积极的态度,或从中发现新的学理,或采取稳妥而有效的规范措施。

例如,地域方言和社会方言这两个参照点,应当纵横组合为复合参照系,覆盖语音、词汇和语法等方面。换言之,语音和词汇的规范不能仅参照地域方言,也必须参照社会方言;语法的规范也不能仅参照社会方言,还应参照地域方言,即以基础方言的语法为参照点。事实上,采用这种复合参照系是十分必要的。北京语音和北方方言的词汇、语法中都有许多土语成分,进行规范化时必须参照文化水平高的社会阶层的语言,将其中的土语成分剔除。同时,普通话的活力还在于它不断吸收古代汉语、方言和外族语言中的有用成分,在于不断地创造出语言的新成分。吸收这些成分的规范,对新生现象的规范,也应考虑有权威的社会阶层的语言习惯。

词汇规范将权威的社会方言也作为参照点,具有重要的理论价值和实践意义。在以往的语言规范中,"约定俗成"是操作的最高准则,当学理与俗实发生矛盾时,学理往往要服从俗实。若以权威社会方言作为参照点,把"约定俗成"作为最高准则的规范观就值得重新研究。如利用语料库考察词汇的使用频率,借以确定某些词汇"约定俗成"的程度,为词语规范提供参考数据,并且已经成为现代进行规范的重要方法。这种方法的科学性在很大程度上有赖于语料库的语料选取。从社会方言的角度来看,语料库的选料不应是随意的,而应当选取权威社会方言的语料建库,利用权威的社会方言语料库得出的数据,对词汇规范来说才是最有意义的。权威的社会方言最接近于学理,词汇规范考虑社会方言,在处理学理与俗实的分歧时是有帮助的。

第二节 汉语的短语与句法

一、现代汉语中的短语

（一）短语的类别

短语是词和词按照一定的语法规则组合成的比词大的语法单位，例如，做作业、黄皮肤、快跑等。按照不同的角度和用途，短语亦有不同的分类，主要从结构和功能两种角度进行分类。

根据构成短语的词之间的结构关系，短语可以划分为：主谓短语、动宾短语、偏正短语、述补短语、联合短语、同位短语、连谓短语、兼语短语、量词短语、方位短语、介词短语和助词短语。

根据短语充当的句法成分，即外部的功能意义来划分，短语可以分为：名词性短语、动词性短语、形容词性短语和副词性短语。

（二）短语的结构

1. 主谓短语结构

前后有被陈述和陈述关系的短语是主谓短语，主语是陈述的对象或话题，谓语是对主语所提出的对象或话题进行陈述，中间可插入"是、不"等。

2. 动宾短语结构

前后是支配与被支配、关涉与被关涉关系的短语是动宾短语。前半部分动词表示动作行为，后半部分是宾语，表示受动作行为的对象、结果、凭借的工具；或者表示处所、方位；或者表示动作行为的主动者。动词和宾语之间可以插入"了、着、过"，而结构性质不变。

3. 偏正短语结构

前面成分修饰、限定后面成分的短语是偏正短语，前一成分叫作修饰语，后一成分叫作中心语。

（1）定中短语。定中短语由定语和名词性中心语组成，中间可插入"的"。一般而言，定中短语由形容词、名词、区别词、代词、动词或数量短语等做修饰语，名词性词汇做中心语，例如，白头发、南京人、微型汽车、我的房间、前进的步伐、一升水。还有一类特殊的定中短语，修饰语常常是名词、形容词或动词，中心语一般是双音节的谓词性词汇，中间一般有助词"的"，很少独立成句，只能做主语、宾语。

（2）状中短语。状中短语由状语和动词、形容词性中心语组成，中间可插入"地"。一般由副词、形容词、代词、数量短语等做修饰语，谓词性词汇做中心语。

4. 述补短语结构

前后是补充与被补充关系的短语，是动补短语。有些中间可插入"得"。前面是中心语，由谓词充当，后面是补语，也由谓词充当，能回答"怎么样"的问题，可表示动作行为的状态、结果、程度、趋向或可能性。

5. 联合短语结构

由两个以上地位平等的部分组成，前后一般是同类性质的词汇，是联合关系，可细分为并列、递进、选择等关系。各部分之间可用连词，也可不用，如有停顿一般用顿号表示。

6. 同位短语结构

前后所指内容相同的短语是同位短语。同位短语中的前后部分共同作为一个成分，在结构上前后两项地位平等，在意义上构成复指关系。例如，作家老舍、国庆节那天、游泳这种运动、我们大家等。同位短语不同于偏正短语，中间不能插入"的"；同位短语也不同于联合短语，中间不能插入"和"，而且一般而言，不可以进行位置互换。

7. 连谓短语结构

表示连续动作的短语是连谓短语，所有的动作都是由同一个主体发出，并且词汇之间没有语音停顿。例如，躺在床上睡觉、背书包去上学、来了没走、买本书看等。有些连谓短语表示前后动作发生的顺序，如下课去超市；有些动作表示目的，如打电话问清楚；有些动作表示结果，如中弹轴性；有些由动词"来、去、给、（没）有"跟其他动词构成，如游泳去、来南京玩、给他送一把伞、有话慢慢说等。

8. 兼语短语结构

兼语短语由一个动宾短语和一个主谓短语构成，动宾短语的宾语兼任主谓短语的主语。兼有宾语和主语两个身份的部分称为兼语。兼语短语的谓语动词往往带有使令性质，如派他去、请老师进来、祝你快乐等。

9. 量词短语结构

由数词或指示代词加量词构成的短语是量词短语，其分为数量短语和指量短语。首先，数量短语由数词加量词组成，如一杯、两个、三本、四次等；其次，指量短语由指示代词、疑问代词加（数）两词组成，如这件、哪条等。

10. 方位短语结构

方位短语由方位词直接附在名词性或动词性词汇后组成，主要表示处所、范围或时间等。如表示时间的"会议中""参加工作之前"；表示处所的"池塘边""黄河以北"；表示范围的"你我之间""50左右"。方位短语可以和介词再组合成介宾短语。如"从实践中""在两个小时之内"等。

11. 介词短语结构

介词短语由介词附在名词或动词等词汇前构成，介词短语常修饰谓词，用来表示动作的工具、方式、目的、因果、施事、受事等。如用电脑、按规定、为了理想、由于工作关系、把衣服（洗干净）、被老师（批评）介词短语主要做状语，少数可做补语，还有部分可做定语，做定语时要加助词"的"。

12. 助词短语结构

助词短语是由助词附着在词汇上组成的短语，包括"的"字短语、比况短语、"所"字短语，具体内容有以下三点。

（1）"的"字短语是由助词"的"附着在实词或短语后组成，指称人或事物，属于名词性词汇，可以当作主语、宾语。

（2）比况短语是由比况助词"似的、一样、一般"附在名词等词汇后组成的短语，表示比喻、推测等，可以做定语、状语、补语，属于形容词性短语。

（3）"所"字短语是由助词"所"加在动词前组成的短语，指称动作所支配或关涉的对象，一般而言要借助"的"组合成"的"字短语，或者组成偏正短语。如所思、所想、所认识的、所起的作用等。

（三）短语的功能

短语既可以做句子的句法成分，也可以成句，大部分短语加上句调可以独立成句，少数短语如"所"字短语不具备成句的能力。

功能相当于名词的称为名词性短语，相当于动词的称为动词词性短语，相当于形容词的是形容词性短语，动词、形容词性短语又合称为谓词性短语，相当于副词的称为副词性短语。

（四）短语的多义

下列短语中，左边的只有一个意义，右边的有多个意义。不止一个意义的短语称为多义短语。汉语中多义短语形成的原因是多方面的，例如，结构关系的不同、语义关系的不同都会形成多义短语。多义短语具体有以下类型。

第一，结构关系不同的多义短语。如"爸爸和妈妈的朋友"，可以是偏正短语，意为"爸爸妈妈共同的朋友"，也可以是联合短语，意为"妈妈的朋友和爸爸"；"进口电子产品"，可以是动宾短语，也可以是偏正短语。

第二，语义关系不同的多义短语。如"他谁都认识""选举的是王同学"，其中"他""谁""王同学"既可以是施事，也可以是受事。

第三，结构关系和语义关系都不同的多义短语。多义短语的情况相对比较复杂，有时候语境不能使多义消失，就容易使人产生误解，产生歧义现象。因此，我们要正确运用语言，注意多义或歧义的现象，以提高表达效果。

（五）短语的歧义

现代汉语在其发展、变化的历史过程中，由于内部（现代汉语本身）和外部（使用时人为）的原因，使其产生许多较为特殊的现象，这里将要讨论的"短语歧义现象"即是其之一。现代汉语中短语的歧义现象是由短语的多义性造成的，但多义和歧义之间有所不同，其根本区别在于：①分析角度不同；②内在性质不同。按照要求，任何多义短语，在具体使用时必须使其结构和意义单一化，否则就会导致歧义现象的产生。

1. 短语歧义的常见情况

基于此，我们可以明确地指出：所谓"歧义现象"是指在具体的语言运用中，不能使一个多义短语在结构和意义上单一化的现象。考察整个现代汉语体系，短语歧义现象归纳起来大致有以下常见的情形。

（1）词义不明确产生的歧义。通常情况下，多短语在具体句子中，由于受具体语境的制约，只能表达单一的语义，但短语因词义不明确而造成歧义。

（2）轻重语音的不同造成歧义。在朗读中，轻重语音是比较重要的因素，轻重音不同能造成短语的几种不同理解。

（3）结构不固定造成歧义。在现代汉语中，多种句法分析的短语结构会在具体语境中趋于固定，但有些结构有时也难于确定其结构类型，如果把它用在句子中会产生歧义。

（4）语义关系含混造成歧义。语流间的语义关系，是表达思想内容的重要手段，若语义关系含混不清，施受对象不明确，会使表达出现歧义。

（5）组合层次难于切分造成歧义。层次分析是对某些语言结构进行层次切分，使其内部结构关系清晰、明了，但是在现代汉语中，有些短语因其层次难于切分而在理解上产生歧义。

（6）指代不明造成歧义。代词的作用本来是为了节省笔墨，使表达简洁明了，但因为代词具有在跟指代对象的联系上具有极大的不定性的特点，从而产生歧义。

上面六种情形，虽然不能详尽地概括现代汉语中所有短语的歧义现象，但从这里我们可以看出歧义现象的产生，除语言本身的原因以外，主要是由于人们在使用时人为造成的，这可以说是短语产生歧义的外在原因。人们在运用语言时造成了短语的歧义现象，而这种现象反之又制约着语言的运用。因此，我们必须寻找一条消除歧义现象的途径，使现代汉语更好地为社会服务，更好地朝健康有利的方向发展。

2. 短语歧义的消除途径

既然歧义现象是人为造成的，而它又阻碍着语言的使用和健康发展，那么，我们就应该努力探寻消除这种歧义现象的途径。其实，在实践中只要我们认真对待短语的运用，歧义现象是可以消除的，其途径也是多种多样的，具体有以下五点。

（1）词语的选用。这种方法要求我们在语言运用时，选择准确、恰当的词语，以达到消除短语歧义的目的。

（2）语序的调整。这种方法主要是针对由于语义关系含糊，层次难于切分而使表达产生歧义而言的。

（3）标点的使用。标点符号的作用主要是表示语言中的种种停顿，标明词语的性质和作用，我们运用标点符号可以消除由于层次难于切分而造成的歧义。

（4）语音的轻重。在现代汉语语音学中，语音的轻重变化可以区别短语的意义和表达人的情感。因此，针对词义不明确所造成的歧义可以利用读音来清除。

（5）语境的扩充。语境指的是具体的语言环境，具体指一个语言单位与它上下文之间的语义、语法上的逻辑联系和说话时的物、背景（它包括说话人双方、牵涉到的人或物，时间处所，社会环境及说听双方的辅助，交际手段——诸如表情、手势、姿态等非语言因素）。在日常阅读和对话时，人们总是结合着具体的上下文和说话情景来理解、选择词语的，因而语境在语言的实践中作用至关重要。由此可见，汉语的某些歧义直接导源于语境，因为任何语境的大小充分与否都是相对而言的。

当然，现代汉语短语的歧义现象是一个较为复杂的语言问题，如果要彻底地解决这一不利语言健康的缺憾，还必须在使用语言时有一个端正的态度，同时还应学会辨别歧义，以区别于修辞学中的"双关"辞格。因为歧义是人们在语言运用过程中造成的错误，而有意运用"双关"手法是一种语言艺术。

二、现代汉语中的句法

从语言表达的角度来看，词和词组只是备用单位，句子才是使用单位。人们交流思想传达信息，不仅要尽量表达得准确无误、清楚明白，还要生动形象、妥帖鲜明，尽可能给人以深刻印象。所以，一方面，要运用好句子，提高语言表达能力；另一方面，要配合好非语言因素，组织好句子和挑选好句式。这就必须讲究句法和修辞。

（一）经常使用的句式

1. 肯定句与否定句

肯定句与否定句这组同义句式的区别不在结构形式上，主要在语气方面。一般讲，表达相同的意思时肯定句语气比较果断、直截了当，否定句的语气则比较委婉、缓和一些。例如，"难看"与"不好看"；"反对"与"不同意"；"难"与"不容易"；"有错误"与"不是没有错误"；"应该尊重"与"不应该不尊重"等，这些表达，前者肯定，语气明确，后者以否定形式表达与前者基本相同的意思，但语气比较缓和，并留有一定的余地。双重否定表达肯定意思，语气比相对应的肯定句重。但是使用"不……不""不……无"等格式构成的双重否定句，语气却比一般肯定句要委婉。

2. 常式句与变式句

汉语的单句最基本的成分有：主语、谓语、宾语、补语、定语、状语等。单句中一般主语在前，谓语在后；定语在主语、宾语的前面，状语在谓语的前面。按常见句序组句的句子叫常式句，对常用的句序做变更和调整就形成了变式句。变式句与常式句相比，虽然结构改变了，但意思基本相同，只是语气、语意侧重方面有一些修辞的附加意义。变式句给人一种新奇的心理感受，容易引起注意，能起到强调语意的作用，表达出某种情绪和感情色彩。

3. 主动句与被动句

主动句是主语发出动作；被动句是主语承受动作行为，相同的意思，可以用主动句表达，也可以用被动句表达。汉语被动句的使用，一定程度上受到语言习惯的制约。这表现在两方面：①汉语被动句带有一定的语言文化色彩，特别是通常用带有"被"字的被动句表示表达者所不希望发生的消极结果，但也有例外；②大量具有被动意义的句子，并不使用有"被（让、给、叫）"字的被动结构表达。主动句与被动句的使用，要根据表达需要选择。被动句的作用主要有：强调、突出动作或行为的承受者（受动者）；使语意连贯通畅，保持叙述角度一致等。

4. 长句与短句

长句与短句是就句子的形体而言的。长句是指成分多、结构比较复杂的句子，单句中任何一个或几个成分较长，复句中任何一个或多个分句较长都会形成长句。短句是指词数少、结构比较简单的句子。长句与短句各有特点和独特的作用，表达时最好避免全部使用长句或全部使用短句，而应该根据表达需要，巧妙地错综使用长、短句。初学者写文章，一般宜多用短句。导游词中也以短句为宜。这样，有时就需要将一个长句拆开，化成为多个短句进行表达。

5. 整句与散句

整句与散句就一组句子而言，单个句子是无所谓整散的。整句是若干个结构相同或相似、形式匀称整齐的一组句子排列在一起表述一个中心意思；散句则是用若干结构间杂、字数不拘、形式错落的一组句子表情达意。一般所熟悉的排比、对偶、反复、回文等修辞技巧都是以整句形式出现的。整句结构严谨、层次清楚、表意细腻，具有庄重典雅的风格色彩，多用来叙事、议论、抒情，语意畅达、感情奔放，常用于书面语。

6. 直陈句与反问句

直陈句与反问句也是一组同义句式。用直接陈述的方法表达肯定或否定的是直陈句，用反问的形式表达肯定或否定的是反问句。纯粹的反问句（不含否定词）表示的是否定意义，常用"难道……吧""怎么……呢""何必……呢""还……呢"等格式。在表示否定意义的反问句中再使用一个否定词，等于是双重否定，这样的反问句表达的就是肯定意思了。反问句的主要作用是加强语气，增强表达的感情色彩。用反问句表达质问、嘲讽等情态，相比一般直陈句的肯定式或否定式更有表现力；用反问句抒情，也能收到极好的效果。

（二）句子的正确组织

要正确地组织句子，必须注意各种句子成分的完整，要关注句子成分之间的搭配，常见的语病经常出现在这两方面。如有些句子主语残缺；有些句子谓语残缺；有些句子宾语残缺；有些动词谓语要求带名词性宾语，但如果宾语前定语太长，把宾语中心词丢失就会造成宾语残缺。

除成分残缺以外，常见语病还有搭配不当等。如有的主谓搭配不当。联合词组充当主语和谓语时，主语和谓语的搭配更应全面考虑，以免顾此失彼，造成主谓搭配不当。要注意宾语与谓语及主语的搭配，宾语是谓语动词关涉的对象，两者必须互相搭配得当，否则就会出现语病。

第三节 汉语的修辞与辞格

一、现代汉语中的修辞

修辞是人们在运用语言传递信息、表情达意的过程中，追求最佳表达效果的言语实践。修辞的最佳表达效果是指"准确、鲜明、生动、形象"。语言中表达同样一个意思，可以有许多种不同的表达方式。例如，她很漂亮（美丽、好看、靓）。上面使用不同的词汇表达同样的意思，各有不同的语体风格和方言色彩，因此有不同的表达效果。采用不同的句式或修辞格，会取得不同的效果。但是，如果要取得最佳的表达效果，就要结合语体、具体的语境、人物角色等选择恰当的语言材料和表达手段。因此，修辞和语音、词汇、语法等都有密切的联系。

（一）词汇的锤炼

1. 词汇意义的锤炼

词汇是意义内容和声音形式的结合体，作为词汇内容的意义是词汇的灵魂。词汇意义的锤炼就是指在深刻理解词义的基础上，根据表达的目的、对象、内容等选择恰当的词语，力求准确鲜明、精当妥帖。词汇意义的锤炼要注意以下方面。

（1）注意词汇的选用。

第一，多义词汇。汉语中的许多词汇都有不止一个义项，不同的义项都是从一个基本意义派生出来的，有着共同的基础，相互之间存在着必然的联系。要恰当地使用多义词汇，就要清楚地辨析词义，了解词义之间错综复杂的关系，选择最恰当的义项。

第二，同义词汇。丰富的同义词是语言发达的表现，也为准确地表现客观事物的特征，反映事物之间的细微差别提供了充分的选择空间和余地。因此，恰当地选择同义词是取得最佳修辞效果的基本功。两个同义词并用，使得上下文互相照应，避免了句子的单调重复。如果修改成同样的意思，虽然意义上不会产生太大的影响，但是文章就会显得没有生气，减色不少。

第三，反义词汇。反义词汇的使用可以对两个事物进行对比，鲜明生动地反映出事物的矛盾，起到对照映衬的作用，增强文章的表现力和说服力。

（2）一般词汇的推敲。一般词汇往往不引人注意，但是如果精心选择，会产生良好的修辞效果，为文章增色不少。一般词汇的推敲要求准确把握词汇的意义，认清表达的对象，留心具体的语言环境，注意上下文的和谐统一。

（3）词汇的活用。有时出于表达上的需要，要对某些词汇"变通"使用，有意改变其词性和功能，这就是词汇活用。词汇活用可以使得言语表达生动形象，达到一种意想不到的独特效果。

2. 词汇色彩的锤炼

词汇的色彩一般是指词汇的感情色彩和语体色彩。恰当选用词汇的不同色彩，可以增强言语运用的准确性和表现力。

（1）词汇的感情色彩。词汇的感情色彩主要指词汇的褒贬色彩，它反映说话人对所陈述事物的态度和感情。不同的语境要求使用感情色彩不同的词汇。

（2）词汇的语体色彩。语体主要是口语语体和书面语体。口语就是人们在口头交际中使用的有声语言。书面语就是文字记录下来的口语，但是这种记录不是"实录"，而是有所选择和加工，是比真实的口语精确、严密和规范的语言形式。

（二）句式的选择

1. 长句和短句

（1）长句。长句结构复杂、表意精确、严密，抒情深沉、细腻，一般多出现在政论、科技等语体中。

（2）短句。短句表意简短、生动、明快、有力，叙事简明，抒情强烈激越，常用于口语中。

2. 整句和散句

（1）整句是结构相同或相似、形式整齐匀称的句子。整句整齐匀称、节奏和谐、气势贯通、意义鲜明，常常用于诗歌、散文等文艺性文体中。

（2）散句是结构不同、字数长短不一的句子。散句可以随意抒写，自由畅达、灵活自然。

3. 肯定句和否定句

（1）肯定句是对事物做出肯定判断的句子。

（2）否定句是对事物做出否定判断的句子。

4. 单重否定和双重否定

（1）单重否定句是只用一个否定词的否定句。单重否定句如果与肯定句并用，形成鲜明的对比，所表达的意思就会更加明确，语气会更强烈。

（2）双重否定句是含有两个否定词的句子。双重否定表示肯定的意思，比肯定句表达的语气更强烈。

5. 设问句和反问句

（1）设问句。在阐明观点之前，有意先提出问题，以引起人们注意和思考，这是设问。用来设问的问句，就是设问句。设问句重要的不在于前面的提问，而在于后面的回答。先提出问题，是为了引起注意和思考，使后面的回答给人留下更深刻的印象。文章的标题或开头用设问句，能够启发读者思考，便于读者更好地领会文章的内容和中心思想。前者是简单的陈述，读者是被动的接受；后者的疑问引发读者主动的深深的思考，同时又能在句子中找到答案。

（2）反问句。用疑问的形式表示确定的意思，以加强语气，这是反问。用来反问的问句就是反问句。反问句表面看来是疑问的形式，但实际上表达的是肯定的意思，答案就在问句之中。反问的形式比一般的陈述句语气更强，更能引起人们的思考。

二、现代汉语中的辞格

辞格也称辞式、修辞格，是为了增强语言表达效果而运用的一些修饰描摹的特殊方法。常用的辞格包括以下内容。

（一）比喻

比喻是用相似的事物打比方的修辞方法。被比方的事物叫"本体"，用来打比方的事物叫"喻体"，联系二者的词汇叫"喻词"。

1. 比喻的类别

（1）明喻。明喻就是本体、喻体和比喻词都出现的比喻。

（2）暗喻。暗喻又叫隐喻，只出现本体和喻体，不用比喻词汇，或用"是、变成、成为、等于"等喻词。

（3）借喻。借喻是只出现用来代替本体的喻体，而本体和喻词都不出现。

（4）强喻。本体和喻体有共同的特征，为了突出本体的这一特征，特别强调喻体的程度不如或超过本体。强喻常常用"不如""不及""比……还……"等做喻词，往往借突出喻体的特性使本体得到有力的强调。

（5）反喻。从反面设喻，以反托正，从被否定的喻体事物的反面去领会本体事物的特征，喻词常用"不是"或"不像"。有时正喻和反喻也可以联合使用，具有鲜明对比的作用。

（6）博喻。博喻就是用不止一个喻体去说明和描述本体。

2. 比喻的效力

（1）比喻说理浅显易懂，使人容易接受。

（2）比喻叙事能化抽象为具体，使事物更加清楚明白。

（3）比喻状物能使概括的东西形象化，给人深刻的印象。

3. 比喻在运用时需要注意的问题

（1）比喻的本体和喻体是两个具有相似点的不同类别的事物，而且喻体必须常见、易懂，能使人清楚地了解本体和喻体之间的比喻和被比喻的关系。

（2）比喻要贴切，紧紧抓住本体和喻体之间的相似点。

（3）比喻要有感情色彩，应当表现出作者的思想感情。

（4）要注意区分比喻和非比喻。

（二）比拟

比拟是指把物当作人写或把人当作物写，或把甲物当作乙物来写。

1. 比拟的类别

（1）拟人。拟人就是把物当作人来写，让无生命的事物好像有生命一样能活动，让有生命的动物好像人一样有思维和情感。

（2）拟物。拟物是把人当作物来写，或者把甲事物当作乙事物来写。

2. 比拟在运用时需要注意的问题

（1）运用比拟必须符合人物的思想感情，符合所描写的环境氛围。

（2）用以比拟的人和物必须具有相似点，使比拟生动自然，收到良好的效果。

（3）比拟不当常常表现为用以比拟的人和物之间没有相似点，或者不符合人的思想感情和描绘的环境氛围。

3. 比拟与比喻的异同

比拟和比喻都是两事物相比，但是它们是存在区别的。比喻的重点在于"喻"，即以乙事物（喻体）而言明甲事物（本体），甲乙两事物有主有从；比拟的重点在"拟"，即干脆把甲事物当作乙事物来写，甲乙两事物不分主从，浑然一体。

（三）借代

借代是用与人或事物有关的东西来代替人或事物，被代替的事物叫"本体"，用来代替的事物叫"借体"。

1. 借代的类别

（1）特征、标志代本体：用本体的特征、标志去代替本体的名称。

（2）专名代泛称：用具有典型性的人或事物的专用名称代替本体的名称。

（3）具体代抽象：用客观存在的具体事物代替抽象的事物。

（4）部分代整体：用事物具有代表性的部分代替本体事物。

（5）结果代原因：用事情所产生的结果代替本体事物。

2. 借代在运用时需要注意的问题

（1）借体和本体关系密切，借体必须能突出地代表本体，有时需要在上下文中对借体有所交代，使读者明白本体是哪些。

（2）借体往往带有褒贬色彩，反映作者的思想感情。如"诸葛亮"等做借体，常用来指代正面人物，而"三只手"等做借体，常用来指代反面人物。

（3）借代不当常表现为本体和借体之间关系不明确。

3. 借代与借喻的异同

借代和借喻有相似处，但是它们是不同的。借代侧重相关性，强调借体和本体有关系；借代是代而不喻，不能改为比喻；借喻侧重相似性，强调喻体和本体之间有相似点。借喻是喻中有代，可以改为明喻或暗喻。

（四）夸张

夸张是指故意言过其实，对事物加以超越事实的描述。

1. 夸张的类别

（1）扩大夸张：故意把一般事物往大（多、快、高、长、强……）处说。

（2）缩小夸张：故意把一般事物往小（少、慢、矮、短、弱……）处说。

（3）超前夸张：在两件事之间，故意把后出现的事说成是先出现的，或同时出现的。

2. 夸张在运用时需要注意的问题

（1）夸张要以客观实际为基础，合乎情理、合乎分寸，给人以真实感。

（2）夸张要明确、显豁，突出夸张的特点，不能在事实与夸张之间模棱两可。

（3）要注意夸张的具体表现，夸张往往借助于比喻、比拟等辞格来表现。

（4）要注意夸张运用的场合，在科学性文章中不适合运用夸张。

（5）如果夸张脱离了现实基础，或与思想感情不协调等，易造成夸张不当。

3. 比喻、比拟以及夸张

因为夸张往往借助于比喻、比拟等辞格来表现，所以，二者区分的关键在于有没有夸张的成分。如果有夸张的成分，尽管使用了比喻或者比拟的修辞格，也应当归于夸张。

（五）双关

双关是借助语音或语义的联系，使语句同时关涉两种事物，表达两种意思，言在此而意在彼的修辞格式。

1. 双关的类别

（1）谐音双关：利用音同或音近的条件使词汇或句子语义双关。

（2）语义双关：利用词汇或句子的多义性在特定语境中形成双关。

2. 双关在运用时需要注意的问题

（1）双关的意思要明确，不能有歧义。双关言在此而意在彼，既要含而不露，又要让读者清楚地明白要表达的含义。

（2）运用双关要注意内容的思想性，尤其是在构成歇后语时，不要单纯追求风趣含蓄而忽略了思想健康。

3. 语义双关以及借喻

借喻是借用喻体说明本体事物，使抽象深奥的事物表达得具体、生动、简洁。语义双关是借一个词汇或句子关顾两个事物，同时包含两种意思，表面一层意思，隐含另外一层意思，使表达含蓄委婉、幽默风趣。

（六）仿词

仿词是指根据表达的需要，更换现成词汇的某个语素或词，临时造出新的词汇。

1. 仿词的类别

（1）音仿：使用读音相同或相近的词素仿造新词汇。

（2）义仿：换用意义相反或相近的词素仿造新词汇。

2. 仿词在运用时需要注意的问题

仿词都是临时创造的，在形式上和被仿的词有近似的特点，内容上又富有新意。仿词和被仿的词往往同时出现，如果被仿的词不出现，单独使用仿词要加引号。仿词运用应该自然合理，否则就会成为生造词。

（七）反语

反语是指故意使用与本来意思相反的词汇或句子去表达本意，也叫"反话"。

1. 反语的类别

（1）以正当反：用正面的语句去表达反面的意思。

（2）以反当正：用反面的语句去表达正面的意思。

2. 反语在运用时需要注意的问题

（1）运用反语要认清不同的对象，区别对待。

（2）运用反语应当鲜明、显豁，使反语的意思明确、易懂。

（八）婉曲

婉曲是指有意不直接说明某事物，而是借用一些与某事物相应的同义语句婉转曲折地表达出来。婉曲重在意思含蓄委婉，但其真正含义一定要让人理解，不能过于晦涩而产生歧义，使人误解。

（九）对偶

对偶是指将字数相等、意义密切相关、结构相同或基本相同、用词互相对应的两个短语或句子放在一起。严格的对偶要求字数相等、结构相同、互相对应的词词性一致、平仄协调、实虚相对。现代诗文中对偶运用相当宽松，只要字数相等、结构相同、声韵大体协调就可以。对偶的类别包括以下内容。

第一，正对：从两个角度、两个侧面说明同一事理，表示相似、相关的关系。

第二，反对：对偶的两部分表示一般的相反关系或矛盾对立关系。

第三，串对：也叫"串对"或"流水对"，对偶的两部分在意义上有的相关联（如承接、连贯、递进、因果、假设、条件等）。

（十）排比

排比是指把三个以上结构相同或相似、语气一致、意思密切关联的句子或句子成分排列起来，表达强烈的语气或感情。排比与对偶的区别具体内容有以下方面。

排比是三个以上句子的平行排列，对偶只限于两个句子。排比的形式不如对偶严格。排比的各个句子字数可以不完全相等。排比往往运用相同的词汇；对偶的两个句子字数必须相等，而且忌用相同的词汇。

（十一）层递

层递是指根据事物的逻辑关系，连用结构相似、内容上递升或递降的语句，表达层层递进的事理。

1. 层递的类别

层递分为递升和递降两类，具体内容有以下两点。

（1）递升。运用这种修辞手法，能够使要表达的思想加深，感情逐步强化，因而能够增强语言的说服力和感染力。

（2）递降。把事物按由大到小、由长到短、由高到低、由重到轻、由远到近、由难到易等次序说下去，这种修辞手法就叫递降，又称为阶降。

2. 层递和排比的不同

（1）层递在结构上不强调相同或相似，往往不用相同的词汇；排比的结构往往相同或相似，常用相同的词汇。

（2）层递在内容上是递升或递降的，事物之间是步步推进的逻辑关系；排比的内容是并列的，是一个问题的多个方面，或多个相关的问题。

（十二）顶真

顶真也叫蝉联、联珠，是一种文学修辞方法，是指上句的结尾与下句的开头使用相同的字或词，用以修饰两句子的声韵的方法。需要注意的是，使用这个方式时，无须限制上下句的字数或平仄，但上下句交接点一定要使用相同的字或词。

（十三）对比

对比是指把两种不同事物或者同一事物的两个方面放在一起相互比较。运用对比，必须对所要表达的事物的矛盾本质有深刻的认识。对比的两种事物或同一事物的两个方面，应该有互相对立的关系，否则是不能构成对比的。

1. 对比的类别

（1）两体对比：把两种相反相对的事物并举出来，相互比较。

（2）一体两面对比：把同一事物相反相对的两个方面并举出来，相互比较。

2. 对比以及对偶

对比和对偶都是成对的，但是又有区别。对比主要是意义内容的相反或相对，而不管结构形式如何；对偶主要是结构形式上的对称，要求字数相等、结构相同或相似。有的对比也是对偶（即反对），就意义内容而言是对比，就结构形式而言是对偶。

（十四）反复

反复是指为了突出某个意思，强调某种感情，有意重复某些词汇或句子。反复具有突出思想、强调感情、分清层次、加强节奏感等多方面的修辞作用。

1. 反复的类别

（1）连续反复：连续重复相同的词汇或句子，中间没有其他词汇。

（2）间隔反复：由其他词汇或句子把反复出现的词汇或句子隔开。

2. 反复与重复、排比的异同

（1）反复与重复。反复与重复不同，重复是一种语病，使人感到内容空虚，语言繁杂；反复则是一种常用的积极表达手段。运用反复，是为了突出要表达的中心意思，强调感情，如果没有充实的内容、强烈的感情，而一味地采用反复的形式，那只能造成重复，应该避免。

（2）反复与排比。反复与排比有相似处，尤其是间隔反复，往往与排比合用。二者的区别是：反复着眼于词汇或句子字面的重复，其修辞作用在于强调突出；排比着眼于结构形式相同或相似，其修辞作用在于加强气势。运用反复的句子不一定形成排比，排比句也不一定使用反复的词汇。

（十五）设疑

设疑又叫歧疑，是指说话时特意把关键性的部分暂时隐下不说，以造成疑义，随后在适当的时候补说出来，消除疑义，使语意明了。设疑委婉曲折，幽默风趣，生动活泼，甚至出人意料，使人对暂时省去的关键性词汇记忆深刻，其表达效果异常突出。

1. 设疑的类别

（1）问答式。问答式的设疑就是先提问，然后做出出其不意的回答。

（2）省补式。省补式设疑的特点就是省去关键语句，然后补出。

2. 设疑在运用时需要注意的问题

在运用设疑时，应该注意设疑和省略、设疑和反语的区别。首先，设疑不同于省略，设疑是故意使人造成误解或引起别人的好奇心，其目的和重点在于接下来要揭示出的答案，也就是补充出来的部分，因此设疑是必须将前句保留的部分补说出来的；而省略不同，省略是根据上下文可以了解其意义，不会造成疑问和误解，因此不需要补充说明。其次，设疑也不同于反语，反语的本意让人一听就是相反的意义，而设疑只是故意造成人的误解，并且其本意也会在接下来的语句中明确地补充出来。

第四章　现代文学发展与深化

第一节　现代文学转变与发展

一、现代文学的理论转变

（一）现代文学观念的转变

封建时代，在文学艺术层面，中国古典的文学基本观念就是"思无邪""诗言志""发乎情""止乎礼义""温柔敦厚""怨而不露""哀而不伤""主文而谲谏"等。文学的主题没有离开这些训诫，唯有"尧舜"才有意义和价值。晚明时期，曾产生过启蒙思想，如李贽等人就企图改变专制局面。清朝时，儒家思想占据统治地位，直到晚清时期，这种思想局面才开始被突破。

五四新文学运动中，胡适的白话文主张，深受实用主义影响，其文学的功利性是很强的。与胡适同时代的陈独秀，其政治思想的革命性可以说是最强的，但他对于文学的观念却始终秉持"文学具有自主独立存在的价值"。沈从文则要返回原始的民风民情，似乎文学观念的功利性很弱，倾向于"审美自治"。其实他们的区别与梁启超、王国维的区别是相似的。鲁迅在强调"文艺是国民精神所发的火光，同时也是引导国民精神的前途的灯火"的同时，强调文艺也不是不要审美与艺术。"革命之所以于口号、标语、布告、电报、教科书……之外，要用文艺者，就因为它是文艺。"由此可见，鲁迅对于文艺具有一定的审美自治性也是赞同的。沈从文在追求乡土牧歌情调的同时，何尝不关心社会，何尝不关心人性的自由与解放。

虽然梁启超和王国维的文学思想都是现代形态的开始，但是他们的文学思想又是不同的。梁启超的形态更多是吸收和改造了传统的"文以载道论"。这样的服务论也是有他的充分理由的，这可以说是揭示了文学艺术在非常态下功能的被借用。王国维的美术"独立论"和"超功利论"更多是吸收了外国的现代传统。他的思想实际上与早期鲁迅的"不用之用"观念相一致，所表达的是文学艺术在常态下的功能。在20世纪初的中国，思想家们从各种不同的渠道去寻找思想的资源，存在着多样的思想追求，是理所当然的。我们对于梁启超和王国维都应有同情的理解。

新文学运动之后，强调社会功利的文学观与审美自治的文学观始终并存着，在中华人民共和国成立后的延续，使得强调文学功利性的文学观念占了上风。所以从文学观念的层面来看，20世纪初文学现代性的追求，有两个鲜明的维度：①改造旧社会、改造国民精神；②审美自治、艺术独立。中国文学观念的现代性包容和贯穿了这两个方面的内容，在常态下强调审美的特性，但不忘功利；在非常态下强调功利，但不忘审美。

（二）现代文学文体观念的转变

摆脱小说等艺术创作为雕虫小技的古典看法，这是文体观念的一大变化，也是中国文学现代性生成的重要方面。

第一，中国古代一直视诗文为正宗，连宋代的"词"也只是"诗之余"，只是"浪滤游戏"之作，这种轻视诗赋以外文体的思想早在汉代就已经形成。

第二，元代开始兴盛的小说和戏剧更是不能登大雅之堂。小说、戏曲的地位一直很低。但是，到了晚清时期，在梁启超、王国维等人笔下，情况就为之一变了，小说的地位高涨甚至比诗歌的地位还要高得多。

第三，新文学运动中，由于白话文体运动取得了胜利，由于平民主义取得了地位，小说、戏剧和新诗等文体成为文学文体的正宗，就是理所当然的事情了。中国现代文学革命的先驱鲁迅以小说传世，而不以古代格律诗成名，就充分说明了小说、剧本、现代新诗、散文等文体在文学发展中的重要地位。从此，中国古代那种文史哲不分的泛"文"的观念开始淡化，古代诗文形式的至高地位也逐渐走低。外国文学文体观念经过转型成为中国现代文学理论的组成部分。文体意识往往深入到人的无意识的层面，因此文体观念的转变是文学理论转型的深刻表现。

二、现代文学的世界化发展

中国现代文学，最早可以追溯到20年代，在新时期以来走向更加稳健成熟的方向。我国现代文学在文学研究界公认的发展基本脉络为：浪漫主义—现实主义—现代主义。由此可见，每种思想潮流都在中国现代文学发展过程中留下了自己的足迹，而现代文学汲取了浪漫主义的一些特征，并将现代主义相融合，与其中的一些特征相结合，在中国传统文学体裁的基础上形成了富有独特特征的以现实主义为支撑的中国现代文学。

第一，胡适发表的《文学改良刍议》拉开了现代文学发展的序幕，这一时期的文学号召是以"白话文"为外在特征的。首先，这一时期的文学是以启蒙主义为内在精神特征。这一时期的文艺界倡导全面实行白话文，否定一切传统模式。这一时期的文艺理论中，反对传统士大夫的创作理念以及创作方法。在小说创作过程中，人们已经不再热衷章回体小说，转而进行类似外国文学的短篇小说创作，外国翻译作品亦是数不胜数。这一时期的文艺界运用外国作品及其反映的社会问题对当时的社会予以批判，他们以相关作品为工具对人们实行启蒙教育。

第二，随着社会以及文艺理论的发展，中国现代文学的外国化更为深入，由初期的单纯模仿转入后期相关观念的继承与发展。文学外国化的浪潮再次出现时，比起前期更甚，这一时期的文学创作不再满足于外在形式的模式，而是在内在精神方面对文学的现代化进行探讨。文学作品创作过程中，创作者通过作品揭示社会矛盾，反映社会问题，通过深入探索人物内心表现人性的复杂性。文学创作过程中不再盲目模仿外国创作手法，同时也不再盲目拒绝传统文化。从表面来看，这时的文学外国化有所减轻，而从其内在审视会发现，此时外国化更为严重。由此可见，外国文学在我国的深入发展，对我国现代文学的发展有着深刻的影响，同时这也影响着当今社会对那时文化的解读。

第三，对话是中国现代文学发展的力量之一，中国现代文学一直保持着中外的对话方式，当我国五四运动开始的时候，以泰戈尔为首的外国文学家借着诺贝尔文学奖走上世界舞台。这让中国现代文学与外国文学有着更加深厚的缘分。泰戈尔与中国现代作家有着类似的社会与文化背景，并且受到类似文学思潮的影响，都面临着传统话语形式向现代的复调语言形式的转变，因此两者的深度对话形成了当时的发展方向。当时我国成立了最早的文学研究会，其也是当时最大的文学研究性社团，主要成员有郑振铎、沈雁冰、王统照、谢冰心等人，他们通过讨论而提出了"为人生"的文学主张，也因此形成了中国现代诗学的"人生派"，并发表与评论了当时以泰戈尔为首的外国文学巨匠。创造社也是五四时期的影响力较大的文学社团，它的发起人是郭沫若，他的以"为艺术"的文学主张在当时中国文学界也树立了独特的文学方向，强调了文学的主体性与创造性。

在促进中国文学世界化发展的进程中，我们应该建立整体发展的世界化文学模式。首先，必须明确的是文学不存在阶级性，它是重在反映人类审美观念以及审美趣味。文学的发展不是为了保护某一部分人的利益而去反对另一部分人。同时，文学也不是为了体现某一部分人的价值观而去否定另一部分人的精神实质。由于世界性的存在，相关文学必定存在一定的冲突，这种冲突是各种文学自身个性的体现。需要做到的不是无视这些冲突或加剧相关冲突，而是应该正视它肯定它的存在。其次，建立世界性文化的基础是各种文化间的对话。在促进文化长远发展的过程中不应该片面地肯定或否定某一种文化意识，应该在文化对话中扬长避短，促进文化的共同发展。中国文化的发展动力应该是加入创新的因素建立独特的艺术形式与精神内涵，只有这样才可以运用整体化的眼光，促进中国文化世界化的发展。

三、现代文学的民族化发展

在中国现代文学发展的过程中，西方化是文学发展的主流，而民族化亦是其中不可忽视的重要力量。现代文学界在探索的过程中，渐渐发现只有从本土出发才可以更深入地发展。创作者们在推广西方化的同时也进行了相关民族化探索。

第一，形式民族化，重点反映在诗歌创作过程中。现代白话诗歌的创作过程中，不论是题材还是形式，大多都是来自民间生活以及相关歌谣。诗人在创作过程中积极突出与传统诗歌所不同的地方，重在表现地方性趣味。不仅如此，诗人还通过刻画民间生活群体进行祖国出路的深刻思索。在创作过程中，不管是形式还是内容都极具民族化。

第二，作品创作精神民族化。一部分创作者在创作过程中深入民间，进行民间精神探索。鲁迅在刻画乡村气息生活的同时，深刻拷问国民性。另一部分的创作者则试图深入民间文化吸取创作的养分。这些创作者强调作品中应该保存中国的民族特质，以有利于中国文化的长远发展。由此可见，作品中的民族化只是在内容上进行了本土化，其精神实质仍然是启蒙思想所引导的西方化。

总而言之，我们不可忽视的是中国现代文学的民族化是不断发展深入的。现代文学在发展的过程中，相关创作者指出应该向外国学习。而深入发展的民族化则强调中国现代文学发展的源头在中国传统中，在中国民间文学中。需要注意的是，中国现代文学民族化的过程是强调在创作过程中突出中国传统特色，用传统以及民间的精神养料帮助中国文学朝着更为长远的道路发展。中国的现代文学的发展方向应该是清晰而明确的，应该在世界文化中做出自己应有的贡献。中国现代文化促进自身现代化的过程也是自身价值和意义不断升华的过程。中国文学和其他国家的文学共同发展，一起构成了世界文学的发展进程。中国文学是世界文学的一分子，因此在发展过程中既不能盲目排外，也不能盲目照搬。而是应该敞开胸怀拥抱世界，促进中国文学世界化的进程，发展真正的世界文学。

第二节 现代文学的文体发展

"文体"一词在现代文学中主要有三种意义：①作品体式（或称体裁）；②作品的语言形态；③作家风格或流派特色。此处文体的界定为：由语言形态、结构模式和叙述方式等因素所构成的作品的形式审美规范，有时也指由这种规范所形成的作品类型。

文体的建构和演变，是 20 世纪中国文学发展中的一个重要现象，是中国文学告别古典时代逐步走向现代的历史进程中一个不可忽视的方面。

一、文体变革的历史进程

"语言变革使原有的文体尊卑谱系瓦解，导致文体互渗中由高到低原则发生变化。"①
文体古典形态的终结和现代形态的确立是以近代文体的嬗变为先导的。这种嬗变虽然未能
从整体上推翻古典文学的体式系统，但却在文体意识、文学语言形态和各类文体的内形式
规范方面，为现代文体的确立奠定了必要的基础。

第一，传统文体意识将文学文体和非文学文体混为一谈，构筑起一个颇具特色的杂文
学文体系统。其中，诗歌、散文（文学和非文学散体文章）居于正宗地位；小说（包括
戏剧）反而被拒之于文学大门之外。这种状态严重阻碍着文学文体的发展。但到 1902 年
出现了"小说为文学之最上乘"的新观念，不仅将小说列入文学文体范畴，而且改变了传
统文学文体之间的结构关系。这一文体意识直接影响了现代小说的勃兴，也局部冲击了杂
文学文体意识。1903 年后，在"西学"影响下，王国维、鲁迅等人又进一步在文体论上
提出了"情感说"，以是否表达人的感情，作为界定文学文体与非文学文体的标准，从而
终结了传统的杂文学文体的体系，初建起外国现代型的纯文学文体体系，为诸文学文体的
诞生起了重要的清场奠基的作用。

第二，改变传统文学的语言形态，也是近代文体改革的主要目标。自龚自珍起，要用
"俗语"（即口语）进行创作的思想就已经萌芽。1886 年后，伴随理论的呼唤，"俗语"
也大规模进入近代报刊。与此同时，自洋务派的郭崇焘、薛福成起，改良派和派中的许多
人，也在理论上提倡并在诗文中大量引入欧美的"新名词"。这样，近代文学的语言变革
便沿着两个方向（通俗化和欧化），朝着建立文学语言形态现代化的目标发展。虽然这一
时期它还未能彻底推翻古典文学的语言规范，但却以一种崭新的"白话"形态，为现代文
体的诞生准备了语体条件。

第三，文体意识和语言形态的变革以及外国文学的大量译介，也引起了各类文体内形
式规范的变化。最先的变化是从诗歌与议论性散文开始的，它的主要演变方向是诗的散文
化和散文的报章体化（即社会化和通俗化）。1898 年前后，小说文体的变革被推到前台，
并迅速获得较为显著的成就，诗文的变化反倒缓慢下来，这不仅表现在"新小说"数量的
迅速增加，也表现在古典小说情节模式的局部瓦解。但是，戏剧文体的变革最为艰难，但
从 1898 年后开始的旧剧改良到继起的新剧（早期话剧）运动，戏剧文体明显地朝着以说
白为主的方向发展。从各类文体的改革速度、程度到改革的基本走向，都直接影响到文体

---

① 王佳琴：《"五四"文学语言变革与文体渗透的现代型变》，载《南昌大学学报》（人文社会科学
版）2016 年第 47 卷第 5 期，第 118 页。

改革态势以及各类现代文体的形态面貌。

二、不同文体的发展变革

（一）诗歌的文体变革

近代诗体的革新与新诗文体规范的确立之间的关系，主要不是表现在革新后的近代诗体给新诗文体提供效仿的艺术样本，而是在于近代（特别是"诗界"时期）诗体革新的观念和方法乃至方向对创立新诗体的启示。

从观念上来看，近代诗体改革已有了推翻古典诗体规范的崭新意识。古典诗歌的形式规范经过多年的发展，逐渐形成了一个稳定的文体结构系统。宋代以来的诗体改革，都只能在唐朝诗体的基础上进行局部的调节。随着中国社会的剧烈变化，这种观念终于在一代新型知识分子的思维世界中产生了动摇，他们要求诗歌从古典规范中解放出来，"自成模范"，这种思想实际上已成为诗体彻底地除旧布新的先声。

从方法上来看，近代诗体选择了与传统迥然不同的新的改革途径。按照诗的发展旧路，各体都出于歌谣，但新诗不取法于歌谣，最主要的原因还是外国的影响。五四新诗取法途径的改变，实际上正是肇始于近代。如果要改革诗体，第一要新意境，第二要新语句，而要达其目的，则不可避免要借鉴于欧洲。鲁迅作于 1907 年的诗论《摩罗诗力说》，号召以 19 世纪外国浪漫主义诗歌为参照系改造中国传统诗歌的主张，则更可以看作是新诗取法途径的先声。

崭新的诗体改革意识和取法途径，必然导致崭新的诗体改革方向，这个方向便是：在语言形态上以"俗语"代替文言，在结构模式和叙述方式上以自由化代替格律化。当时，不但改良派的梁启超、黄遵宪等人竭力呼吁"以俗语入诗"。诗歌创作也呼应了这一理论要求，语言愈来愈通俗化，部分诗歌已打破了五七言的句构形式，这一时期大量出现的"歌体诗"（如梁启超的《二十世纪太平洋歌》、秋瑾的《宝歌》等），语言通俗，句式自由，已可看作是向新诗过渡的一种形式。

总而言之，近代诗体变革虽然仍未冲破古典诗体的整体规范，但在观念、方法和方向上已为新诗体的诞生奠定了基础，新诗的倡导者们曾经多次提到了这一点。由此可见，他们正是沿着近代诗体打开的通路，总结了它的历史教训，以更彻底、更科学的姿态继续发展，才赢来了现代诗体的诞生。

（二）小说的文体变革

小说的文体变革，始于梁启超、严复和夏曾佑等人对小说政教功能的强调，完成于 1902 年梁启超"小说界"纲领的提出以及此后翻译和创作小说的繁盛。它虽然未能从整体上实现小说文体向现代转化的历史任务，但却在文体观念和文体实践两个层面上以新旧杂糅、良莠并存的过渡形态，为现代小说的诞生做出了必要的准备。

在文体观念上，梁启超等人企图通过提高小说的文体地位和强调其政教功能以达到改良群治目的的主张，固然有其幼稚的一面，但它对改变轻视小说的传统观念，密切小说与现实社会的关系，具有重要的理论价值。从某种意义上来看，它启示了启蒙主义小说家的创作方向；并且众多理论家关于"新小说"语体"雅与俗"的思考或批判等也同样为现代小说倡导者开辟了新思维的道路。

在文体变革的实践上，首先要提到的是外国小说的译介。从 1875 年至 1911 年，在中国被翻译的小说多达 600 多种。尽管在这股"翻译热"中，小说家的选择取向囿于以小说改良和中国读者旧的审美趣味，较多地趋向侦探、政治和言情三种类型，但必须以西洋小说改造中国传统小说的实践方向却日渐明确。也正是这一点，给小说革新了至为重要的历史启示。另外，与中国传统小说迥然"异质"的西洋小说的大量引进，也造成了传统小说文体规范的开始解体和新型小说形态的初建：在语言体式上，初步形成了一种调入方言土语、文言韵话乃至新词汇、新文法的崭新的白话文，作为小说的语体形态；在叙述模式上，开始产生对传统规范（顺时空叙述、全知视角、情节中心、叙述和言行描写为主等）的大幅度背离，出现了倒装叙述、视角、非情节化倾向和注重心理、细节描写等，它们同样为现代小说的诞生奠定了必要的基础。

（三）散文的文体变革

散文的变革是在记叙性和议论性两种类型的散文中进行的。记叙性散文的变革始于出国人员对外国文明的"介绍"。当时，这些"介绍"性的散文，在不断走向开放的历史条件和文化环境中，如雨后春笋，纷纷刊行。比较著名的散文包括：薛福成的《出使日记》《观巴黎油画记》，黎庶昌的《西洋杂志》和《巴黎赛会纪略》等，分别以游记、随笔、采风录、见闻记等形式，叙录了外国社会的风俗和生活方式。这些散文在文体规范上已部分改变了固有模式，为现代记叙抒情散文创建了有益的历史经验。相比较起来，议论性散文的变革对散文变革的影响更大。这种变革，沿着否定"文化载道"和"代圣立言"的共同方向，形成了以下两个侧重点。

第一个侧重点，追求语言体式的"言文合一"。清朝散文原以桐城派古文为正宗，其语言体式不仅高度文言化而且还刻意追求音节和谐，讲求声律，造成了与口语的严重分离。这就不能不与日益高涨的资产阶级改良思潮发生尖锐的矛盾。因此，从近代初始，文坛上就出现了一股反对桐城古文、创立接近口语的"朴实明晓"的新体散文的潮流，而梁启超则是这一潮流中贡献最大的作家。他于 1902 年创办《新民丛报》，为适应启蒙宣传的时代要求，创立了"新文体"。新文体的历史贡献，在于它给实现议论性散文语体的"言文合一"，启示了一条正确的途径：输入本民族有生命力的口语成分，输入已在社会上流行并成为口语一部分的外来词汇和语法，以废除文言的语体系统。"新文体"尽管在实际上并未彻底实现议论性散文的口语化，但却为实现这一目标起了重要的清障开路的作用。胡适、钱玄同、刘半农等人都高度评价梁启超"新文体"的历史贡献，其原因即在于此。

第二个侧重点是追求议论性散文论述方式的科学化。古典议论性散文发展到明清，其空泛倾向已达到十分严重的地步。1905—1907 年，首次引进外国的散文形式逻辑，使论述方式具有了现代科学的色彩。此后，章士钊将这种论述方式进一步做了发展，创立了所谓"剥蕉"式文体，即运用归纳和演绎等推理方法，围绕论点层层深入，使论述具有严密的逻辑性和思辨力。这些变革，虽然未能彻底脱掉古文的外壳，但它对实现议论性散文向现代转变，却有十分重要的意义。《新青年》前期作者陈独秀、高一涵、李大钊、吴虞和胡适等人的文章，大都受到章氏"剥蕉"文体的影响。

总而言之，近代议论性散文在文体功能、语言体式和论述方式等方面的变革，已走到了现代的大门前。现代散文首先从议论性散文起步，固然与社会现实的需要有关，但议论性散文在近代的变革成就，也是一个十分重要的因素。

（四）戏剧的文体变革

戏剧文体发展的现代进程始于 1907 年，但在此以前的近代戏剧改良却为其奠定了必要的历史基础，这主要表现在以下三个方面。

第一，文体观念的更新。近代先进的知识分子出于借文学之力"改良治"和"开启民智"的目的，激烈抨击轻视戏剧文学的传统观念。甚至还有人把小说和戏剧进行对比，认为"戏剧之效力，影响于社会较小说尤大"。这些看法虽然过分夸大了戏剧文学的功能和地位，但对引起人们重视文体的改革，并促使其向现代的历史转变，无疑是十分有利的。

第二，近代戏剧改良也为实现戏剧文体向现代的历史转变启示了一条正确的途径。近代以来，一些戏剧改良者在相当长的时间里，总是打算从旧的戏剧传统里蜕变出新的东西来，结果发现这种努力是很不成功的，于是一些有识之士便开始探索取法西洋戏剧以改良中国戏剧的道路。如"淘汰而改正"中国古典戏剧的取材，选择"西国近今可惊、可愕、可歌、可泣"的重大历史。有人提倡莎士比亚的悲剧，主张中国剧界"必以悲剧为之"；还有人主张"采用西法"，在剧中增加演说成分。这些主张虽然还未明确提出移植西洋话剧以建构中国戏剧文体，但它把改革途径的视线从传统戏剧引向外国戏剧，其意义却非常重大。

第三，近代戏剧改良也昭示现代戏剧文体发展的基本方向。汪笑侬、夏月润、潘月樵等人着重从舞台实践的角度对戏剧的传统规范进行了改革。他们或多或少地采用了西洋话剧的形式，在叙述方式上以说白为主，采用生活化的布景。这些改革虽然还只是在传统戏剧文体规范的坚冰上划开了一道裂痕，但它却让人们从裂痕中看到了"趋于写实一途"的话剧将成为现代戏剧主要形式的必然趋势。

在以上三个方面所奠定的基础上，从1907年开始，现代戏剧文体的创建终于拉开了序幕。随后，中国留日学生在新派剧影响下成立的"春柳社"，演出了法国名剧《茶花女》第三幕。接着，又上演了曾孝谷根据美国斯陀夫人的小说《汤姆叔叔的小屋》改编的《黑奴吁天录》，这是我国早期话剧第一个完整的剧本。其后，"春阳社"和"新剧同志会"等许多话剧团体也相继在国内成立，演出了许多意译和改编的外国剧本，以及模仿创作的一些话剧。从1907年到新文化运动兴起的这10年间，是现代戏剧文体的开创期，其主要成就内容有以下方面。

逐渐结束以西洋戏剧改造传统戏剧的做法，确立"移植"外国话剧以作为现代戏剧主要形式的文体观念。在现代戏剧运动的初期，占统治地位的戏剧观念还是以西洋话剧精神来改造传统戏剧。换言之，改革者并不准备彻底抛弃旧戏的基本形式框架。虽然"专取说白传情"的"话剧"已在国内"是处流行"，但"戏以歌唱为之、自应有事"。这表明，人们已注意到将话剧与改良戏剧加以区别，并认为新剧应走"移植"话剧的道路。正是与这种戏剧观念相适应，早期话剧的文体实践越来越深入。随着所谓"文明戏"演剧活动的衰落，陆镜若、欧阳予倩等人都在努力探索着现代戏剧发展的正确道路，创作了《母》《新村正》《胭脂井》等较为优秀的作品。这些作品，在结构模式上，已打破了古典戏剧的形式规范，而以人物性格之间的描写构成强烈的戏剧；在叙述方式上，程式化的动作和歌唱也全部废除，改为只用对话，语言体式也更加口语化。尽管这时的戏剧还不能完全割断古典戏剧体式的尾巴，但它却日趋话剧化。

总而言之，文体的改革，无论是文体意识、语言形态，还是内部形式规范，都由于改革者主体的思维结构、社会客体诸多因素（政治经济力量、文化条件、读者审美心理等）的时代局限，未能跨入现代的大门；而这种历史状况，也正是现代文体崛起的直接原因。文体规范的更新同近代一样，主要也是在文体观念和文体实践两个层面上展开的。在文体观念上，陈独秀、鲁迅和新潮社、文学研究会等，批判地继承了梁启超的"文体功能说"，力主"小说的第一个责任，就是改良社会"。

三、现代文学文体发展的表现

现代文体在成熟期，不仅承继创立期的成就，并且在新的历史条件下呈现出新的演势。"社会转型是带有整体性的社会变化，中国新文学的发生与发展本身就体现了转型的事实与属性。"① 具体现代文学文体发展的表现内容有以下方面。

（一）文体亚类型的消长兴衰

文体消落最突出的领域是诗歌，1926 年前后，不满于初期白话诗过分自由化的倾向，崛起了以新月派同人为代表的新格律体诗。同时，以李金发为代表的初期象征体诗也出现于诗坛之侧。但进入第二个十年之始，象征体便从诗坛陨落。1931 年，盛极一时的新格律体也消匿于诗坛。与此相反，这一时期许多文体亚类型却勃然而兴。诗歌方面有臧克家为代表的半自由体和戴望舒为代表的新象征体。半自由体是对新格律体的反拨，它反对诗体的完全散文化，也反对过分的整齐律，而是将二者之长加以融合（如臧克家的诗集《烙印》）。

新象征体继承了李金发等人善于用意象进行"暗示性抒情"的叙抒方式，但又不像李诗那样晦涩、朦胧（如戴望舒的《雨巷》）。小说方面除了前一时期还处于萌芽状态的中长篇体式在这一时期确立并成熟外，还出现了以施蛰存、穆时英和刘呐鸥为代表的新感觉派所创建的感觉小说和心理分析小说。散文方面最引人注目的变化是 20 世纪 30 年代初期报告文学的勃兴。而戏剧文体方面同样引人注目的则是多幕剧体制的确立和成熟。这一时期的文体消长有多方面的原因，它既同社会政治形势与社会思潮的剧变有关；也同文体经验的积累和读者审美心理的变化有关；而创作主体及其思维方式的更新也是一个重要的原因。

（二）文体意识全面自觉和文体规范的成熟及深化

萌芽期对文体价值、功能和规范的认识主要集中于诗歌和小说，散文则集中于杂文，戏剧文体的研究文章则更为鲜见。成熟使其情况有了很大转变，特别是在散文方面，各种有关小品散文文体研究的论文和专著兴盛一时，报告文学的文体研究也如异军突起，成绩卓然。戏剧文体研究虽然仍不理想，但比起前一时期则有了长足进展，尤其是民众戏剧社的一些理论家，对现代情节剧文体规范的研究，已基本上达到了系统性和科学性的程度。

伴随着文体意识的全面自觉，文体规范的实践也不断成熟和深化。在萌芽期已基本成熟的文体都是一些体制简短的样式，如短诗、短篇小说、杂文、独幕话剧等。而成熟期，文体建构普遍向着篇幅较长或规范相对较为复杂的样式深化，因此，长诗、中长篇小说、报告文学、多幕剧的创作蔚为大观；而且不论长短繁简，大多数现代文体规范在这一时期都达到了成熟。在语言形态上，作家们普遍从对"白话化"的一般追求上升到对语言审美特性的高层追求。在结构方式和叙述方式上，也达到了娴熟的程度。如小说方面，像上一时期鲁迅所批评的"技术是幼稚的"现象已完全绝迹，而代之以茅盾、巴金和老舍等一大

① 苏奎：《中国现代社会转型与文学的演进》，载《兰州学刊》2020 年第 10 期，第 36 页。

批小说家所奏出的一曲曲动人心弦的优美乐章。

（三）文体形态全盘引用国际经验的现象得到改进

由于不断深入地唤起民众的现实政治需要，大众审美心理的制约和创作主体对如何利用外来文化改造传统文化的历史课题的反思等原因，作家们开始重视并较为自觉地探索文体民族化的问题。民族化在这一时期主要集中于大众化的层面。在诗歌方面，不少作家主张"技巧不能过于脱离大众"。因而，他们的作品从语体到格式都趋向通俗化，前一时期过分欧化的现象得到很大克服，甚至出现了不少拟民歌体的作品，如蒲风、温流和臧克家的一些诗作。其他文类，如老舍的《骆驼祥子》等小说，叶圣陶和丰子恺的散文以及李健吾的剧作也都既消除了文白杂糅的弊端，也消除了洋味十足的毛病，在文体上变得平易、朴素。另外，国统区和解放区这两种既具有政治差别，也具时代甚至文化差别的地区的划分，现代文体的发展在两条支脉上也出现了迥然不同的动态趋势。

国统区文体演变的总趋势，依然是沿着新文体开辟的道路，继续以外国文体为参照系，发展着现实需要的各类文体。由于唤起民众投入民族救亡事业的迫切需要，大众传播媒介性质更为鲜明的小型简便的剧作形式充当了各类文体的先锋，独幕剧、街头剧、活报剧一时十分活跃。与此相似，短诗、朗诵诗、杂文及一向被称为"文艺的轻骑兵"的小型报告文学也特别兴盛。对于新诗家族而言，朗诵诗是一个全新的亚类型，它诞生在抗战初期进步文化界开展救亡运动的中心武汉，作者主要有高兰、冯乃超、光未然等。朗诵诗从文体基本形态来看属于自由体，但由于宣传功能的突出和传播方式的特殊，又与一般自由体略有不同。

第三节　现代文学研究的深化

现代文学（又称"新文学"），近年来有学者主张称为"民国文学"，其自诞生以来，对它的研究已有近百年历史。作为有别于古代文学的一个学科，也已有十分深厚的文化底蕴。从时间上来界定，现代文学多指的是从 1917 年 1 月胡适在《新青年》发表《文学改良刍议》一文开始，一直到新中国成立这段时期的文学，而这之后的文学，多称为"当代文学"。但学界也有人主张将现当代打通，通称"现代文学"不过，现多是称为"现当代文学"。

由于在时间上与古代文学拉开了距离，现代文学研究也算得上是一门显学。然而，随着研究的不断深入，其研究路径似乎不是人们预料的那样越走越宽，而是相反，各种瓶颈的制约日益凸显。

一、现代文学核心价值的深化

现代文学之所以称为"现代文学",主要体现在"现代"。"现代"说明它无论是在本质属性、价值理念、审美理想上,还是在表意系统、结构形态、话语方式、艺术功效等方面,与古代文学划定了一道泾渭分明的界限,获得了具有自身本质属性的新的逻辑起点。"现代"(Modern)一词,既是时间概念也是价值概念,同时还是社会或文化形态概念。从这个意义上来看,深化现代文学研究首先应有一个清晰的意识聚焦和定位,即要对其核心价值有一个总体认识,这样才能凝聚更多的共识,展现出对它的全方位审视,获得研究空间的不断深入拓展。因此,我们应聚焦在现代文学"自由"核心价值的认识上,由此形成最基本的共识,这样才能突破研究的瓶颈,找到研究的新生长点和增长点。

认识现代文学"自由"的核心价值,这是因为当整个人类社会摆脱了中世纪的精神压迫、束缚和统治之后,从文艺复兴发端,经过启蒙运动,到向现代文明社会的迈进,都是沿着以"自由"为核心价值的路径而不断发展的。从这个维度来看,离开了对自由核心价值的认同,也将失去对现代文学属性、规律和特征的本质认识和把握。

现代文学作为中国新文化的重要组成部分,同样是把"自由"当作核心价值,以此与古代文学形成差异、拉开距离,完成自身"独立"品格的精神建构,从而整体地推动了中国文学的现代转型。因为现代中国选择走以"自由"为核心价值的发展道路,实际上,也就表明它要建立与现代文明价值相一致、相规约的新的意义系统。这种态势反映在现代文学的生成与发展中,就是要求它的发展必须具有高度的现代文明意识,追求文学更丰富的现代性价值,突出与新文化相一致的目的性和使命感,以谋求在更广阔的精神领域内,能够获得更多的思想、文化和审美资源的充分支持,使现代文学能够成为一种朝向未来文明发展的现代性价值指南和精神向导。

换言之,现代文学确立"自由"的核心价值,它的概念范畴、内涵外延、结构形态、功能影响等,都得到了极大的拓展,表明在现代文明的价值指引下,它已真正具有"独立性"。尽管从文学演变的源流上来考察,它与古代文学也有着密不可分的血缘关联,但在核心价值层面,它自始至终都是沿着"自由"的方向而行进的,从而生成了中国文学新的形态,使中国文学得以真正与世界文学的发展主流相对应、相对接。因此,要拓展现代文学研究的空间,培育研究的新生长点和增长点,就应该更进一步地强化对它的这种核心价值的认定,这样才能真正做到"以点带面"。首先,可以在这个"点"上,进行价值多元性和丰富性的深度开掘,探寻它的价值建构及其给中国文学发展带来多样性和创新性的内驱动力;其次,也能够通过这个"点",从纵横两个方面来拓展现代文学研究的内涵和外延:从纵向方面来寻找、确定它替代古代文学的合理性和合法性的依据,从横向方面来寻找、确定它与世界文学对应、对接的历史必然性的内在理路，进而将对它的研究意识得以不断地深化和发展，新的生长点和增长点也将自然而然地生成和出现。

聚焦现代文学所谓"自由"核心价值，不难发现，现代文学与古代文学的一个主要差别，就是现代文学成功地将"现代思想"植入其中，从而使中国文学更具思想的丰富性和影响力。《新青年》发动的"文学改良"和"文学革命"催生了现代文学，实际上也就是文学与思想互动的结果。

现代文学注重思想功能，也就使文学在新文化运动中成为新文化的一个重要构成部分，并充当了新文化运动的"急先锋"，使文学不仅是新文化的重要载体和新文化传播新思想的重要方式，同时也是使中国文学发生质变的重要原因，使中国文学能够以"先锋文学"的形态，在现代社会变革时期，无论是在思想方面还是在艺术等各个方面都取得了巨大的成就，充分地显示出文学革命的实绩，提升了文学在社会发展中的历史作用和功效，获得了思想启蒙的广泛效应。在"自由"核心价值的观照下，现代文学在发端之际就广泛地引进了许多的国外思潮，如现实主义、浪漫主义、象征主义、表现主义、未来主义等。一方面，为中国文学对应、对接和进入世界文学发展序列提供了最直接的参照系；另一方面，也为现代文学创作带来了最直接的思想植入，为现代文学发展提供了巨大的思想支持，使现代思想成为现代文学意识结构中最核心的要素之一，增添了现代文学创作的活力。

对于从国外引进的思潮及其所蕴含的丰富思想，它们与现代文学之间是怎样的关系；在宏观、中观、微观的不同层面上，究竟是如何发生对应、对接和变异的；等等。这些都还需要进行认真的梳理、阐释和论述，这样才能还原历史演进的原生态，从中找到现代文学发生演变的内在规律。在这方面，现代文学研究还有很大的空间可以开拓。近年来，关于"民国文学"的相关研究频繁出现，实际上并非简单地用"民国文学"来替换"现代文学"而是以尊重和还原历史的态度来认真梳理、探寻、发掘现代文学的历史时空的体积和容量、现象和本质、广度和深度，展现现代文学发展的历史客观性和逻辑的程序性，把原本被单一的意识形态所遮蔽和所忽视的某些历史真相展现出来，让后人在历史的客观进程与多样性的原生态中，真正地把握到现代文学的历史脉搏和发展轨迹。保持对现代文学发展的客观审视态度，并非完全排斥人的主观认识的能动性。反之，则是在尊重历史真相、把握历史规律当中，最大限度地发掘蕴含在历史原生态中那些本质性的特征，以便为后人在认识现代文学这段历史当中真正地能够从中获得宝贵的经验和教训，从而更好地推动中国文学在现代和当代社会语境中的深入发展。

在肩负新文化的思想启蒙重任当中，使自身具有"独立自尊之气象"成为"人生的自然呼声"，"不管它浪漫也好，写实也好，表象神秘也好，一言以蔽之，这总是人的文学

——真的文学"。在这个意义上，撰写一部吻合历史发展真相和体现历史发展规律特征的现代文学史，将会使现代文学与历代文学史的时序线索得以完整地进行链接，进而也更能够有力地促进中国文学谱系的完整化，有效地避免众说纷纭的"现代性"称谓及其内涵纷争所带来的干扰，消除以往过于注重意识形态对文学史研究的渗透，造成挤兑和遮蔽文学史真相的弊端。这对于廓清现代文学的研究对象，梳理出清晰的中国文学发展历史境况和版图，建构起完整的中华文学史体系，或者说完整的中华共和体制的文学史体系，都是具有重要价值和意义的，将会使人们在现代文学中，充分领略到它的筚路蓝缕之功和开新风气之先的精神风采。

二、现代文学视域维度的深化

进入现代社会，文学的发展始终受到现代文明价值的规约与引领。深化现代文学研究，就视域维度而言，就必须在看到它在求索现代性、重建新的价值和重构新的意义、再现新的审美理想当中，势必要营造一套新的叙事系统、话语系统、表意系统和审美系统，以便使中国文学能够充分展现出现代文明的价值品格，表现现代中国迈向现代化进程的历史必然性，抒发出现代中国人摆脱了束缚、压迫而获得人的解放、个性解放的思想情感。因此，深化现代文学研究就需要在研究的视域、维度方面进行相应的调整，以便能够更开阔、更精准地聚焦现代文学本体和主体性来进行深度阐释，把原先有意或无意遮蔽的文学真相展现出来，在还原历史的本来面貌中，展示现代文学所特有的现代精神和美学特质。

在以往的研究当中，研究者多将视域和维度集中在"现代""现代性"类范畴上。相对而言，其视域和维度显得比较单一和狭窄，可能会有意或无意地遮蔽一些原本能够足以反映历史真相的文学要素，甚至会人为地规避一些历史事件，将其边缘化，纳入非主流文学之中。例如，在以往的一些文学史撰写当中，基于现代社会革命意识的视域和维度，对一些非革命意识的作家及其创作和所取得的巨大成就，就有意或无意地将其忽视或遮蔽。同样，对于一些非革命意识的文学流派、社团、作家群及其文学创作风格等，像赵家璧主编的《中国新文学大系》中所提到的诸多文学社团、流派、作家群体，以及各种文学论争和思潮流派，像民族主义文学主张"第三种人"的文学主张等，都还要进行细致的梳理和全新、全方位的阐释与论述。

此外，还有现代文学与现代传媒出版的关系，现代文学的体制建构与生产机制，现代文学与域外文学关系，现代文学不同形态的建构，像纯文学形态、俗文学形态、民间文学形态，现代文学的空间和场域的建构，以及催生现代文学生产的各种文化思潮，如激进主义、保守主义、自由主义等文化思潮对现代文学的影响等，都还没有得以充分地发掘、梳理、论述和阐释，从而在一定的程度上，降低了现代文学历史发展进程的丰富性和多样性。这对于深入认识现代文学作为中国文学发展进程中一个重要的节点，特别是它的划时代价值、意义和卓越的历史贡献，都还是远远不够的，需要在整体与分体的不同层面上进行富有广度、深度、力度和创意、创新的研究，真正地在丰富的历史原生态中，找到推动中国文学完成现代转型的"推手"及其所产生的巨大历史效应。

进一步调整现代文学研究的视域和维度，需要对现代文学的历史时空进行重新界定。众所周知，文学的发展离不开相对应、相制约的时代语境。以时间的视域和维度而言，当整个中国社会驶入现代化发展轨道，"现代性"的价值要素就开始不断地植入中国文学本体之内，生成现代文学强大的主体性，使现代文学能够积极地与经济、社会、文化等各个方面进行有效互动；对与之所承继的古代文学相关要素，进行积极的扬弃和创造性的转换，尤其是随着共和体制的建立，与之相对应的新的政治、经济、社会、文化等观念也随之诞生。

对于现代文学而言，一种全新性质的文学观念、形态、类型、结构、样式等就呼之而出。这是由现代共和体制的政治、经济、社会、文化等所决定的。特别是受"自由"核心价值的规约，现代文学的本体形态也是呈多样性状态的，价值是呈现多元取向的，与这种体制相适应、相匹配的诸多文学现象、文学思潮、文学创作特点等，都会不断地涌现和生成，形成现代文学生态多样性、多元性的开放格局。因此，深化现代文学研究，需要在时间的视域和维度，聚焦它承上启下和开新风气之先的历史特点，发掘、认识和把握深含其中鲜明的现代性价值及其导致人的审美观念嬗变、形成新的文学理想、促使文学现代转型的内在动力。如果忽视现代社会要素对现代文学所产生的深刻影响，仅仅将其看作是单一地对古代文学的承继关联，那显然不是一种客观的历史观和史识态度，也无法真正认识推动现代文学生成和发展的内外因素。

就空间的视域和维度而言，随着现代文明价值观念的深入，作家的写作开始从以往偏于自发性质的业余创作，向现代偏于自觉性质的专门创作方向而演化，文学不再只是个人兴趣爱好的产物，而是一项社会性的同人事业。这一态度在当时被理解为：文学应该反映社会的现象，表现并且讨论一些有关人生一般的问题。现代文学创作的这种特点主要体现在：①在写作机制方面，现代社会为作家从事相对独立的创作提供了一种保障和空间，甚至是成为一种职业；②使现代文学无论是在文体形态，还是在结构体系等方面，都获得了极大的空间拓展，既可以在宏观层面进行宏大性的叙述，也可以在微观层面进行个性化的抒情，写作的跨度和自由度相对比较大，加上民国确立共和体制的宪政机制，现代作家开始脱离原先的人格依附关系，而使写作成为一种相对专门的职业或事业，使其在新的民族国家共同体中，从事着活跃思想、传播文化的独立写作，或借文学发动"思想革命"，或直接参与"革命斗争"，或进行自我抒情式的自由创作，特别是当"民主""科学""自由""平等""人的解放""个性解放"等思想价值元素，成为现代文学的一种自觉追求目标时，人们就可以从现代文学中感受到文学的力量、文学的精神、文学的理想，以及对人生所产生的积极深远的影响。

深化现代文学的研究，在空间的视域和维度中，要具有这样一种空间性的思维意识和方式，做到全方位、立体化地认识现代文学的特质和功能，从中发掘出现代文学与现代文明、文化的密切联系，从而打通现代文学与现代社会各种思想、意识、观念和各类思潮的内在关联，做到正本清源，真正发掘出现代文学发展演化的内在结构，摸清和掌握现代文学发展的内在理路。重新厘定历史时空的内涵、体积、容量和边界，在深化现代文学研究当中，就能够在总体的超越位置上来把握现代文学的特质特性、逻辑结构、发展理路和内外部的各种关联。

从历史发展和社会变迁的视域与维度上来看，处于转型之中的现代文学，乃是中国文学史上最具先锋特质的文学，虽然整体上还显得较为稚嫩，但却充满着创造、创新的活力，在充当中国新文化的"历史先锋"中，为重建新的价值、重构新的意义开辟了新天地。尽管现代中国的发展还存在诸多的不确定性，但现代文学却自始至终都洋溢着迈向现代文明的诗意精神。

深化现代文学研究，要注重现代文学在多变、充满矛盾和悖论发展的历史时空中，它对建构诗意精神所做的艰辛努力，以及给予现代中国社会的发展、给予现代中国人精神世界所提供的充分支持。具体而言，也就是现代文学在将新的价值重建、新的意义重构作为自身生成与发展的一条主线时，表现出了一种宏大时空容量的多维发展态势。像它对道德的关注，对信仰的关注，对社会变革的关注，对个性、自我、主观性的关注，对人生的关注、对生存境况的关注等，都值得更进一步深度发掘。因为在现代中国发展的历史时空中，现代文学体现了一种向民族文化性格和心理结构深处开掘的总体发展趋向，展现出了一种自觉地在宽广的文化与审美视野中走向文化和审美更深层领域的态势，洋溢着探寻人的存在意义和高度关注人的精神解放、心灵自由的思想激情与精神品格，在中国文学史上谱写了历史发展的新篇章。

三、现代文学美学形态的深化

在完成现代转型之后，中国文学显示出一种建构性的特点，特别是在美学方面，表现出了价值形态创造性转换的特点。按照新的美学理想来寻求价值重建和意义重构，同样是现代文学美学建构的主旨。深化现代文学研究，要对其建构的新美学形态进行认真的探讨，这也是拓展研究空间的一个新生长点和增长点。

现代文学建构新美学形态，是创造性和创新性欲求的表现。古代向现代的演化，不仅仅是时间推移和线性发展，而且是与整个时代发展、思想发展、文化发展以及审美发展密切关联的；同时也是文学内部结构重构的逻辑演变，其中深藏着不同文化观念、审美观念及价值内涵和理论基点转换的历史必然性。正是从这个维度上来看，现代文学美学形态的建构经历了从古典的"和谐"向现代的"崇高"的转变过程。换言之，也即现代文学突破了古典"和谐"形态美学理想的限制，获得了现代具有"对立"性质的"崇高"形态美学理想的建构，这为现代文学的发展提供了充分的美学支持。

如果说"和谐"形态的古典美学其特点是将理想与现实、感性与理性、现象与本质、再现与表现、内容与形式单一地、朴素地、和谐地统一在一起，在审美认识上注重以直观性和经验性的方式把握对象，在艺术表现上具有一种生动、形象、丰富而具象的美学特征。那么，时过境迁，古典"和谐"美在遭遇现代美学冲击时，就愈加显示出它的不合时宜性、滞后性和历史局限性。特别是在与近现代外国美学的对照、比较当中，古典"和谐"美在理论建构上大都缺乏美学范畴的严密论证，大多是一些经验之谈，像"形""神""气韵""妙悟"等，均没有严格的逻辑内涵和外延的界定，带有较大的主观随意性、多义性和模糊性，明显地与进入现代文明时代那种讲求规范性、系统性、结构性、精密性的美学逻辑要求格格不入，因而其很难再作为时代主流美学占据中心位置。于是，一种与时代发展相一致的美学之声开始出现在现代文学界。近代以来强调"自由"美学理念，在现代文学范畴内有了质的发展，从而发展出了建构现代"崇高"美学理想的时代要求。

现代"崇高"形态的美学，不同于古典"和谐"形态的美学，只注重矛盾的消融和对不和谐因素的剔除，而是在强调直面现实人生矛盾当中突出在对立、焦虑等不和谐的美学建构，完成对人生意义的再审视和再建构，"崇高"（包括崇高型的艺术）是主体与客体，人与自然、个性与社会、必然与自由等元素处于不和谐、不均衡、不稳定、无序的状态，是在它们尖锐的矛盾冲突中求平衡，在不和谐中求和谐、不自由中趋向于自由的获得。显然"崇高"美学形态的生成，表现出了一种创造性和创新性的意义诉求，对现代文学摆脱越来越走向"虚幻"境地的古典"和谐"美学的束缚，转向正视现实人生和凸显其内在矛盾，重建新的价值世界和新的意义系统，起到了强有力的推进作用。陈独秀、胡适、鲁迅等一大批现代作家，分别在理论和创作的层面上，发出了确立现代"崇高"美学理想的呼吁。

现代文学在获得"划时代"的位置定位之后，也对自身发展序列和逻辑结构进行了新的建构，用陈独秀的话来讲，它是一种"平易的抒情的国民文学""新鲜的立诚的写实文学""明了的通俗的社会文学"。换言之，这种建构是以现代"崇高"美学标准而进行的，从而使现代文学与"贵族文学""古典文学""山林文学"等划清了界限。同时，也深刻地表明，现代文学的美学范畴至少是在两个方面开始发生根本性变化：①超越传统"文以载道"的政治、伦理层面，在更为广阔的文化和审美层面中，通过新的文学方式来对现实人生和社会、历史等进行深刻的文化观照与把握；②在文化反思、反省与批判中，促使文学的美学理想发生质的变化，使代文学作为中国新文化的一个有机构成部分，真正成为点燃"国民精神的火花"、成为"引领国民精神前途的灯火"的一种新美学形态的文学。

因此，深化现代文学研究，必须注重其美学形态的建构，它不再是对文学进行局部的改良，而是善于从文化和审美的高度，对现实人生和社会历史进行整体性的反省、反思、批判、革新和创造，对文学自身观念、范式和美学理想进行重大的创新，对文学的美学价值与意义进行现代性质的整体转换，使现代文学最终冲破了传统"文以载道"的束缚，提出了在新思想观念的认识视域和时空范畴中，在更为深入、更为广阔的文化和审美的层次与高度，充分地展现出对历史的主体性、人的主体性的整体把握，展示出对现代人建构新的人生终极信仰的强烈企盼，并促使现代文学不断地向"真"的艺术领地进行美学回归。由此可见，现代文学获得了一种与以往文学迥然不同的美学理念和视野，总体上表现出了一种从民族文化精神结构、心理内涵的层面，探寻民族文化精神内核和症结，发掘民族心理特征的文学创作欲求。

不论是"为人生"的文学，还是"为艺术"的文学，也不论是何种流派，或立场是相同还是相异，在审美领域，在新的美学形态中，人们都可以从现代文学创作的那些鲜活的文字中感受到蕴含在其中的"思想精灵"，认识到它自始至终都洋溢着新文化的朝气蓬勃、意气风发的创造和创新精神，充满着新时代文化反省、反思、批判、探索和重建、重构新的价值与意义世界的艺术活力。所以，深化现代文学的研究，培育新的生长点，发现新的增长点，还应对它独特的美学形态进行深入研究，发掘出蕴含其中深厚而独特的美学内涵和意蕴，从而推动现代文学研究的整体深化和不断发展。

第五章　现代文学研究的方法

第一节　现代文学研究的加减法

　　既往的中国现代文学研究所做的是横向切割、纵向延伸的"加减法"，而这种"加减法"已暴露出诸多问题。为了学科更快更好地发展，应该也必须纵向缩减、横向扩展，做反向研究的加减法，即确认中国现代文学的"现代"作为时间概念的合理性、合法性，给予被排斥在外的其他文学现象应有的重视。这种加减法不仅能使研究者从各种文学现象的普遍联系中去观照和把握中国现代文学的生态发展，而且能够在中国现代文学教育中尊重受教育者了解文学史全貌的权利。业已存在的这种"加减法"的"减"与"加"，分别始于20世纪50年代中期"中国现代文学"概念的凸显、80年代中期"二十世纪中国文学"概念的提出。

　　所谓"中国现代文学"概念的凸显，其实就是用"中国现代文学"取代沿用了多年的"中国新文学"概念。1917—1949年中国新文学的发展史是新民主主义革命运动的重要组成部分，中国现代文学因此成为五四文学革命以来的新文学，亦即新民主主义性质的文学。1955年，丁易题为《中国现代文学史略》专著的出版，突出地显示了中国现代文学研究的这一动向，而周扬组织、唐弢主持编写的《中国现代文学史》的问世（出版于1980年底），则意味着"中国现代文学"学科概念、性质和内容的基本定型。自20世纪50年代中期到80年代初的中国现代文学研究，就是这样一种以横向切割的方式不断做"减法"的研究。

　　"二十世纪中国文学"的概念出自黄子平、陈平原、钱理群1985年发表的题为《论"二十世纪中国文学"》的学术论文，认为20世纪中国文学就是由20世纪初开始的至今仍在继续的一个文学进程，亦即中国文学由"古代"向"现代"转变、过渡并最终完成的进程，走向并汇入"世界文学"总格局的进程，在东西方文化的大交流中从文学方面（与政治、道德等诸方面一道）形成现代民族意识（包括审美意识）的进程，通过语言的艺术来折射并表现古老的中华民族及其灵魂在新旧嬗替的大时代中获得新生并崛起的进程。这一概念的提出，打通了既往的研究将20世纪中国文学区分为近代、现代和当代文学的格局，也终结了在新文学内部以作家作品的阶级性质划分文学等级的研究历史，但却并未触及将中国现代文学等同于中国新文学的"减法，如由钱理群领衔编写，于 1987 年出版的《中国现代文学三十年》，讲述的依然是中国新文学 30 年的发展历史，而直到 20 世纪 90 年代末新出版的文学史才显露出中国现代文学研究发生了某种微妙变动的迹象：孔范今主编的《二十世纪中国文学史》中给了 1917—1976 年间"仍占一席之地的旧体诗词"一席之地；《中国现代文学三十年》的修订本为"通俗小说"留出了两章的篇幅。因此，"中国现代文学"概念被"二十世纪中国文学"取而代之的文学研究，基本上是一种致力于做纵向拓展的"加法"的研究。

"中国现代文学"概念的凸显、"二十世纪中国文学"概念的提出，都意味着文学史观念的突破与更新，也都意味着文学史研究的重要转型，对于学科建设而言具有积极意义。换言之，"中国现代文学"使新文学跃居文学的"正统"地位，为新文学争取了更大的发展空间，也使"中国现代文学"迅速地由此前的"潜学科"发展成为独立学科，一度成为"显学"的独立学科，而"二十世纪中国文学"着眼于中国文学的"现代化"或"现代性"，使"中国现代文学"研究趋于回归文学自身，并在一定程度上缓和了"中国现代文学"研究课题一再相似的矛盾。但业已存在的这种"加减法"也同时暴露出诸多的问题，其最大不足在于使研究领域、研究视野狭窄化、凝固化，以至于最终成为制约学科正常发展的"瓶颈"。另外，"瓶颈"的形成以及存在，事实上为突破"瓶颈"准备了充分的理由，也显示出中国现代文学研究做反向的加减法的必要性。

所谓纵向缩减、横向扩展的反向加减法，就是确认中国现代文学的"现代"作为时间概念的合理性、合法性，并且在中国现代文学研究中给予被排斥在外的其他文学现象应有的重视。做反向研究的加减法，至少在以下方面有利于突破制约学科正常发展的"瓶颈"：第一，能够使拥挤的中国现代文学学科不再拥挤，有效地解决研究课题不断重复的现实问题。迄今为止，研究者们对被排斥在外的诸多文学现象依然知之甚少或者从未接触过。将这些文学现象纳入研究对象，事实上需要相当数量的研究者把目光从新文学转向新文学之外的其他文学，花费时间、精力做大量开拓性的工作。第二，能够使研究者从既相互对立、竞争，又互相渗透、影响的关系中，或者从各种文学现象的普遍联系中去观照、去把握中国现代文学的生态发展，从而通过文学研究，尤其是文学史的叙述，展现一种比较接近于"原生态"的文学景观。此外，更重要的是能够在中国现代文学教育中，尊重受教育者了解文学史全貌的权利。相信、尊重受教育者，把对文学史的知情权还给他们，并使他们在中国现代文学史家、在中国现代文学教育的指导下锻炼"运用脑髓，放出眼光，自己来拿"的能力。

当然，做反向的加减法，牵扯到文学史观念的更新、研究格局的变化、文学史叙述框架的根本性变动等一系列颇有难度的问题，但是研究者们致力于中国现代文学学科建设的过程，本身就是一个知难而进的过程，中国现代文学研究界早已是新人辈出，研究者们具有锐意进取的精神、攻克难关的能力。因此，为了学科更好更快地发展，中国现代文学研究有必要纵向缩减、横向扩展，做反向加减法。

第二节　现代文学研究与朴学方法

朴学的治学方法主要是使用归纳法和演绎法这种元方法，但它还与专题性研究、札记体、文风朴实等学术特点相关。"朴学方法具有科学精神，这种精神其实是实证、怀疑与批判精神，中国现代文学研究需要推崇这种精神。"① 朴学是清代尤其是乾嘉时期兴盛的一种新的学术话语、学术范式或学术主潮，得名于其文字、学风的朴实。朴学又叫汉学，是汉学对宋学的学术话语革命。朴学学术话语生成于清代特殊的历史语境，它针对的是宋明理学的义理玄谈，目的是挣脱理学对儒学的羁绊而重构古典儒学。朴学还有名物典制之学、考据学等不同的称谓。朴学学术话语主要植根于传统经学而推衍及史学、金石学、天文学、地理学等领域，使中国古代文化典籍的研究在清代取得了辉煌的成就。探讨朴学学术话语是离不开其历史语境、特定对象乃至权力关系等的，谈朴学方法却可以悬置这些内容，因此，可以将朴学方法剥离出来挪用于现代文学的研究中。

一、现代文学研究需要推崇朴学精神

归纳法、演绎法是一种古老的方法，但它们是一切科学的元方法，朴学因为使用了归纳法和演绎法而被认为具有科学精神。朴学方法所体现的科学精神首先是一种实证精神。朴学是一种实证性研究而不是阐释性研究，强调的是客观证据而不是主观臆断，任何见解和立论都必须有事实、事例做证据，即要求"实事求是"。同时，朴学方法的科学精神还表现为一种怀疑与批判精神。朴学强调"无征不信"，没有证据的东西就值得怀疑。朴学正是建构在对理学的怀疑与批判之上的。朴学家正是不满宋儒随意改古书文字、硬改古音为"叶音"、增字改经、望文生义等不严谨的治学方法才致力于实证性研究的。换言之，朴学方法体现的正是一种科学精神或朴学精神。朴学追求的是博证，为考证一个问题搜求证据多达百余则的不乏其例。在文体上"贵朴实简洁"，而在著述形式上，朴学家喜欢用札记体，他们用札记记下读书心得，札记体成为朴学家主要的著述形式。

现代文学研究对朴学方法的借鉴，并不是要我们只去简单地重复那种元方法及相关特

---

① 金宏宇：《朴学方法与现代文学研究》，载《中山大学学报》（社会科学版）2009 年第 49 卷第 3 期，第 47 页。

点，而是要推崇其朴学精神或科学精神。长期以来，现代文学研究缺乏的正是这种精神，而主要是为义理（主义与理论）所掌控，如阶级的义理、启蒙的义理、现代性的义理等。现代文学研究要么成为某种义理的例证，要么从具体的文本分析中升华出义理。现代文学研究中有很多大叙述，但其实很多文章的理论资源和学术观点几乎都是雷同的。我们往往先是为人所蔽，然后又为己所蔽。实际上全是代别人立言，重复某种义理。我们缺乏的正是朴学的怀疑与批判勇气和实证的精神。现代文学研究如果能发扬朴学精神，多考据、多归纳，肯定会产生更扎实、更厚实的成果。

二、朴学方法在其他学科分支的体现

朴学方法和朴学精神更具体化在其学科分支之中，"朴学"一词包括甚广，大致可分四个部分：文字学、训诂学、校勘学和考据学。实际上，其中还包括音韵学、目录学、版本学、辑佚学等。这些分支学科之间可能相互含有，缭绕不清，也各有各的治学方法和范畴。有些已不适合于现代文学研究，有些则可以转换性地挪用。一般而言，朴学的这些分支学科的方法是从对古籍发掘和整理中总结出来的，大体上也是适合于现代文学研究的发掘、整理层面，这个层面是文学研究中的"初步工作"。换言之，现代文学研究的"初步工作"是需要挪用这些方法的。现代文学研究者正是用辑佚学的方法发掘作家遗稿、佚文的。如杨霁云和唐弢对鲁迅集外佚文的搜集、陈子善对张爱玲佚文的发掘等。

现代文学辑佚与古典文学辑佚的最重要区别是应把重点放在发掘报纸与期刊上，而不仅仅是关注单行本、选本、类书等。文字学、音韵学、训诂学的方法并非现代文学研究的"初步工作"中的主体方法，但有时也用得上。随着现代文学专科研究的定型化，注释工作加强了，对于朴学在文学、音韵、训诂方面的治学方法和经验，我们在注释工作中是加以继承的。如作家全集的注释、名作普及本的注释，尤其是那些旧学功底很深的作家的作品以及旧体诗词等需要文字、音韵、训诂的知识去注释。一般这种注释只限于弄懂文句的原意，但有时候对文义的阐释也会有帮助。如吴祖光的《风雪夜归人》，从训诂学的角度看，其中的"归人"可训为"死人"，这就可加深对剧本意义的理解。不仅是注释，许多文学史的故实的考据也离不开训诂。至于校勘学、目录学、版本学，它们在朴学中也具有重要地位，其方法更是现代文学研究可以继承和转化的。

校勘学是朴学中的重要分支，它可以涵盖版本学、目录学等。校勘又称为校雠。校即榷，敲击之意。勘，校也，覆定之意。校勘或校雠，就是拿两种以上的版本校出异同。古籍在传抄、刻印时有错误的，或原书内容阙失、著录遗缺的，或在传播过程中被人妄改的，都需要校勘时校正过来。在校勘实践中产生了传统的校勘学，而现代文学作品的校勘主要出现于两个层面，校勘学的方法在这两个层面上的运用应该是有区别的。

第一个层面的校勘属于现代文学作品的重新整理层面。现代文学作品在发表、出版时出现错误或编辑的误改等，在作品重印时需要校正过来；因查禁而造成删改的作品，在重印时需要补足缺文；经作者亲属或他人修改过的作品，在重印时需要恢复原貌。这些都属于作品的重新整理层面，都需要校勘。传统校勘学的方法在这个层面上有很多都用得上。许多现代文学作家出文集、全集或一些名著的重版等都会使用传统的校勘方法，如鲁迅编《且介亭杂文》就做了细致校勘。经过细致校勘，这些文学作品才可能有恢复历史原貌的精校本。但是，因为缺乏校勘学的基本常识，使现代文学作品至今仍未恢复历史原貌的情况依然存在。

例如，收入《曹禺文集》和《曹禺全集》中的《雷雨》是依据初版本校勘。但正是由于编者的校勘，反而出现了一些与初版本不同的文字，如人物表中鲁大海的身份由"煤矿工头"改为"煤矿工人"。这种改动原是曹禺自己在《雷雨》收入开明书店的《曹禺选集》时改的，也许编者校勘时又依据了开明选集本或以后的版本，这就更导致了校勘的混乱。又如《骆驼祥子》收入《老舍文集》时是由老舍长女舒济校勘的，也是依据初版本校勘的，但实际又参考了《骆驼祥子》1955年人民文学出版社出版的修订本。结果文集本《骆驼祥子》漏掉了初版本的四处文字，其中有一处就是关于"白面口袋"的描述。所以其文集所收的实际上并非《骆驼祥子》的初版本。《茅盾全集》所收《子夜》本是《子夜》1954年的修订本，即茅盾弄出的定本，何全集编辑者却将一些词汇改回到初版本，如"女护士"改成"看护妇"等，使《茅盾全集》所收《子夜》既非其初版本又非其定本。所以，由于校勘不当或不统一，使得全集、文集这种本应是更可靠的整理成果反而不可信。

第二个层面的校勘是关于作品异文的汇校或不同版本的比较。许多现代文学作品出现的异文或异本主要是作者自己修改导致的，我们要对这些内容进行研究也需要校勘，不过这时只需要用对校法或死校法，即只需要将一部作品的不同版本两两互校。不是定是非，而是校异同，不是勘误，而是存异。已出版的《女神》汇校本、《围城》汇校本等都使用这种校勘法。现代文学作品异本的研究和比较一般只须用这种校勘法。

从治学的程序来看，应该是先查目录，因为目录学是指点门径之学。后人凭借前人的目录学著作能了解图书的分类、学术的源流，从而考辨著述的真伪、分合和阙佚。传统的目录学著作主要体现为两种形式：一是简明目录，只对书名、著者、册数等进行简要著录；二是提要目录，对所著录各项都有扼要的叙录，能钩玄提要、交代因由并评价优胜短长。这种目录更能体现学术功底，也更有用于学人。现代文学的研究也吸收了传统目录学的方法，编制了大量有益于现代文学研究的目录。如阿英在《中国新文学大系》《史料·索引》卷中的《创作编目》、现代文学期刊联合调查小组编的《中国现代文学期刊目录》

及其他学者编制的大量作家的著译系年目录、作家研究资料目录等，都能为现代文学研究的资料查找指点门径。只是这些成果多半是简要目录，而缺少提要目录，即有"目"无"录"的现象普遍存在。另外，罗列式的目录多，精于考证和辨析的目录少。这使得现代文学的目录学研究还有广阔的空间。现代文学作品有大量因修改而产生的异本，如能借鉴传统目录学方法编出一部关于现代文学作品版（文）本谱系的目录，即在目录中叙述清楚一部作品的版本谱系关系，那将对现代文学版本的研究和现代文学史的重写具有无量的价值。

清代对典籍校勘很重视，而言校勘则必讲究版本，于是带来了版本研究的繁荣，从而使版本学成为朴学的重要分支。清代在版本研究上形成了一套实用的方法，即如何根据字体、纸张、印刻、装帧等不同的历史特点来鉴定版本、辨别伪书等。这些方法只有经过大量的实践才能掌握，所以古代版本学家往往爱用"经眼""知见"等字眼。现代文学版本的鉴定也必经大量"经眼""知见"版本实物。如20世纪20—40年代初的文学作品基本上都是繁体字竖排，书背在右边。封面上的书名多半竖排，或者从右向左横排，如《呐喊》。但也有少数书名从左向右横排的，如《女神》《为幸福而歌》等，更早地体现了新书装帧的现代化。20世纪50年代，白皮书、绿皮书作品集的装订、排版一如之前，但封面书名改为从左向右横排。作品装帧的彻底现代化或西化是在20世纪50年代以后。但装帧的现代化也伴随着政治化、单调化，越来越少了作家个人的书法封面和艺术化的封面画。这些不同时代的作品版本特征只有像研究古籍版本一样有大量的"经眼""知见"实践才能把握。

朴学家还总结了评价版本的一些方法和标准，如张之洞的"足""精""旧"三种"善本"标准，对现代文学"新善本"标准的确立也有借鉴意义。只是现代文学作品不同于古代因传播造成异本的情况，而主要由于作家自己修改造成异本，所以"新善本"的选择应更注重文本内容的历史价值和美学价值。朴学家的版本研究成果往往体现为目录和题跋识语的形式。现代文学版本研究成果在目录形式方面并没有很大的成果，但却由题跋识语发展出大量的书话形式的成果，如唐弢的《晦庵书话》、姜德明的《余时书话》等。还产生了孙用的《鲁迅全集》校读记、王得后的《两地书研究》、龚明德的《〈太阳照在桑干河上〉修改笺评》等校读记形式的成果及四川文艺出版社、湖南人民出版社出版的《女神》汇校本、《围城》汇校本等版本研究成果。这些形式的版本研究成果也都是朴学方法的挪用，体现了朴学精神。

朴学的各个领域如文字、音韵、训诂、辑佚、辨伪、目录、校勘、版本等都离不开考据，所以朴学又称为考据学。称朴学侧重的是其质朴求实的学风，称考据学则强调它的治学方法和手段。现在，一般都叫"考据学"或"考证学"。这里，"考"没有什么歧义。

而"据"和"证"则会导致不同的理解。据,是依据、证据,是名词;证,是证明、辨证,是动词。古代的考据学重"据",近现代的考证学重"证"。不过,一般"据"和"证"是紧密相关的,不管是重"据"还是重"证"都说明了考据学以事实、史料说话的特征。但考据学毕竟是一种"述"学。这又涉及"述"和"作"的关系问题,这又使我们能从外部的比较中,凸现考据学的特征。所谓"述"而不"作","述"正是考据学的重要特性。考据与哲学、文学的写作有本质的区别。考据,不逞于思辨和才情,而在于以宽厚的学识对实事与真相进行叙"述"。

考据的方法在现代文学研究中也得到了广泛的应用。现代文学的考据虽不像古典文学研究那样多,但考据是现代文学研究中必不可少的工作。只是由于现代文学用浅近白话写作,使得考据的重点不在文字、音韵、训诂上而在其他方面。如版本研究需要考据。由于作家修改等原因,现代文学作品出现了许多异本,所以需要考据来辩出版本真伪、梳理版本源流、弄清版本谱系,使之有助于文学史的精确叙述。辑佚需要考据,由于现代文学作家的许多作品最初往往发表于报刊,结集出版时不免有所选择和遗漏。或由于某种原因而被抽掉、删掉,或由于未署名(如广告文字、编者按等)及署笔名,造成许多佚文。现代文学研究或编作家全集需要求全,就需要辑佚,而辑佚离不开考据的确证。如孙玉石、方锡德发现鲁迅最早的七篇散文诗《自言自语》,就是通过对笔名、所发刊物编辑及文章内容等方面的考据来确定的。研究现代文学中的假面文学或隐射文学,研究作品原型或本事,同样需要考据。如沈从文的《八骏图》、徐志摩和邵洵美的《珰女士》、戴望舒的《我用残损的手掌》等作品的研究,考据是其中必不可少的环节。其他如社团的组织、思潮的发生、论争的内幕、刊物的创办、作家的身世等真相的揭示无不需要考据。

三、现代文学研究对朴学方法的借鉴

朴学的治学方法延续下来已不纯是乾嘉之风了,晚清以来,广阔的中西文化视野使一代代学者为朴学融进了新的基因,完成了其现代化的转换。乾嘉朴学只重视典籍文献层面的考据,而忽视金石学中的史料。到了王国维则极重视考古学的发现,从而发明了文史研究的"二重证据法",即取地下的文物材料补证地上(纸上)的文献材料。陈寅恪又将"二重证据法"推衍为"三参证法","三参证法"提到的互证、补正、参证等把文史考据的方法总结得更全面,提醒我们注意对现代文学外来影响的纵横研究。到了梁启超和胡适,他们明显受外来科学、逻辑学的影响,从而总结出朴学的归纳法和演绎法,发现朴学的科学精神。胡适试图融合中西朴学,中国传统朴学重视归纳,而胡适则把演绎与归纳并重。后来钱钟书对朴学的研究方法也注入了一些新的内容,既使阐释增加了"交互往复"的过程,又使这种"交互往复"扩展至文本之外的因素。其他如冯友兰、翦伯赞等哲学家、史学家处理史料的方法也丰富了朴学的研究方法。

在今天，朴学已脱离了诞生它的历史语境，已是一种纯粹的研究方法。正是经过晚清以来一代代学者的学术实践，朴学的方法在文史研究中承传下来。人们从考据这种"支离"之学中发现了科学的精神，使朴学完成了现代化、科学化的转换，使朴学在一种世界性的学术融会中焕发生机，成为一种新朴学。新朴学已成为实证性研究方法的代名并保持着它的开放性特点。凡是有助于提高学术研究的科学性和有效性的方法都可以吸纳其中。如我们还可以吸收西方的"渊源批评"或文本发生学等方法到新朴学之中。这种已发展和丰富的新朴学提升了实证性研究的科学性，因而也更适宜于现代文学的研究，使现代文学研究在研究方法上得以借鉴，在研究范围上得以扩展。

例如，受"二重证据法"的启发，我们在研究现代文学作品版本时，既要关注作家的创作谈、序跋、书信、回忆录及研究者弄出的著译年表、著译目录等文献材料，也要寻找、观察、考辨版本实物。在研究作家生平思想时，我们既要依照大量文献材料，也要勘察作家的故居、旧物、影像等现存实物。又如，钱钟书将朴学的单向阐释上升到"阐释之循环"的层面，他侧重的是文本阐释学的问题，实际上对现代文学史料和史实的考据也有启示意义，即史料史实的考核也应该放置于"阐释之循环"的过程和背景之中，以免成为孤立的史料。所谓研究范围的扩展是考据既可在文本之内，也可在文本之外。

四、现代文学研究中朴学方法的使用

朴学方法的使用，会使现代文学研究首先在史料学的范畴中奠定扎实的根基。如目录学解决了现代文学史料的来源问题，辨伪学、版本学解决了史料的真伪、变异问题，考据学则涉及史料的对错、全面与否等问题。现代文学研究只有经过了这一番史料工作的准备，才有可能得出相对正确的结论，发现可信的文学史规律。关于史料处理的重要前提，就是搜集和占有史料的"全"，即所谓竭泽而渔，而不是随意选例或简单抽样。这样才可以博证和实证。实际上，朴学求得"十分之见"的材料不仅是一个"全"的问题，其中既应该包含审查史料求"真"，了解史料求"透"和选择史料求"精"等原则，也应包括运用统计学、逻辑学、辩证法对史料进行比较、分析、综合、整理等步骤。经过这样一番朴学的或科学的处理，"论"即可从史料中出来，而这"论"就可能是"十分之见"。例如，我们研究现代文学作品的版本问题，必须用中西朴学、新旧朴学的方法去大量搜集、对校版本实物，必须全面考证每一版本中的正文本和副文本的特点，必须完整考察版本的生成过程、修改程度及其语用规范、历史语境、意识形态等内容，最终才可能从中看到现代文学作品的版本特性、谱系模式，并总结出现代文学研究应遵从的版本意识和版本原则。

朴学家所求的"十分之见"可能永远是一种学术乌托邦，没有永远不变的概括、通则和理论。朴学的方法是从证实的层面或正面积极地追求一种学术乌托邦，通过全面的合理的处理史料与史实，不断地类比、归纳，形成通则。然后又用新的证据去检验、补充或推翻通则和定说。朴学的长处不在宏大的理论建构和抽象思辨，而是细节的真实的考据。现代文学研究首先必须经过朴学方法的处理，才能有相对可信的史料和史实。学习朴学的求实精神，才能在扎实根基上求"十分之见"并进而进行创新性的理论建构。

第三节　现代文化研究的考证学方法

现代文学研究中的考证方法是广涉之术，涵盖文学史料的外部考证和内部考证，涉及文献史料学的各学科分支，同时还要有地理、政治、法学等不同学科的知识"支撑"。现代文学的考证方法是较高级的批判方法，但也存在明显的不足与局限，我们应将之定位于"述学"，这既有别于索隐法，也不等于烦琐考证，更不提倡默证和"过限"考证。只有更多运用辩证思维和批判精神，中国现代文学的考证性研究才能更加科学有效。

"考据，又称考证、考核等，是古典学术研究中鉴别史料、解决具体问题的一种学术传统和方法。其基本内涵是在广搜材料的基础上，对史料或史实的本源、流变、时地、真伪、是非、异同等进行探源、疏通、索隐、纠谬、考辨，从而为学术研究提供更可靠的史料或解决具体的学术问题打下坚实的基础。"① 当把这种方法提升为一种"方法论"或"学问"时，就称其为考据学或考证学。考证学有广义与狭义之分：广义的考证学可包含古典文献学的所有领域及其治学方法，如人们常把"考据之学"与"义理之学""辞章之学"并举；狭义的考证学是古典文献学或朴学的一个分支，或指考证方法的运用。从历史角度看，考证学又可分为传统考据学与现代考证学。传统考据学主要以文献证文献，现代考证学则在文献之外还采用其他材料（如地下文物），同时吸收现代史学、逻辑学相关成果，最终形成新的方法。中国现代文学研究离不开考证学传统，但如何评判、借鉴古今考证学的方法，并考察这些方法对于现代文学研究的适用性等，就成为值得深究的重要问题。

一、考证性研究要重视有据且证

要对现代文学进行考证性研究，我们还得辨别"据"与"证"这两个概念及其关系。现代考证学（也包括现代文学的考证性研究）有两个核心概念或范畴："据"和"证"，

① 金宏宇：《考证学方法与中国现代文学研究》，载《中国社会科学》2018年第12期，第156页。

它们既有区别又有关联。"据"即证据，是名词，是指用来证明某一命题的材料，是人、物、事或文献等。"证"即证明或证实，是动词，是考证的实行和过程。证据就是使某一命题"明显"的材料，证明和证实就是使用证据让不明显的命题变得"明显"，成为相对正确的事实。证据与证明（证实）二者相辅相成，证据的辨别、选择、放置等其实就是证明，证明的过程要使用证据。当然，有时可以证据自证从而不证自明。

考证学的核心是有据且证，据证合一。从"据"的角度看，从事现代文学的考证性研究需要利用的证据包括书证、物证、人证、证词等。书证当然是指现代文学的各种书刊文献材料，也包括一些档案材料，是最常见的证据。物证包括现代文学作品和刊物的版本实物、作家故居、社团旧址及各种照片、图像等。例如，考证作品的版本变迁自然需要经眼版本实物或书影。又如，图像可视为物证，所谓以图证史是也。人证是指现代文学史上的当事人、见证人等。证词既可指当事人、见证人的证言，也特指权威性的公论。但证词不是主体的证据，只能是一种辅助的证据。

我们还必须对证据的性质、价值等有所评判，而最基本的做法莫过于证据的"二分论"，即把证据分为一手证据与二手证据、硬性证据与软性证据、刻意证据与非刻意证据等。①一手证据与二手证据。一手证据来自一手材料，一手资料有两个特征：一是属于问题所涉及的时代遗存下来；二是未经整理。据此，现代作家的手稿、书信、日记、自传等，作品的初刊或初版本，原始档案、广告等，这类同时符合以上两个特征的原始文献都可以做一手证据。而作品在另一个时代的修改本、作家后来的回忆录、另一个时代的整理文献和研究文字等则只能提供二手证据。仅具有第一个特征也未必是一手证据，如当时的新闻报道，可能是带有记者偏见的转述；同时代的文学史、批评文字等也是研究一手材料之后的二手证据。②硬性证据与软性证据。硬性证据指的是"数字及符号"，包括统计数据，它们可以计量，模糊性较小。现代文学书籍的价格、版次、发行量，作家的写作量、收入、稿费、版税、生活开销，刊物生存的时间等都是精确的数字或可以量化，是无争议的硬性证据。至于软性证据则可见于传统性历史文献之中，是用文字而非用符号来表达的，且所表述的多为理念而非计量。采用"软性"一词，就表示它具有争议性、修饰性、变易性。因为软性证据是在字词之中而非在数字之中，就产生了所有与语言相关的问题。依据这种界定，所有的现代文学的文字文献都有可能只是软性证据。③刻意证据与非刻意证据。现代作家有意要传之后世或经过修改的日记，还有自传、回忆录等提供的可能是刻意证据，而一般的日记、书信、广告、版权页等多属于非刻意证据。

以上对证据的二分，使我们可以较快地判断证据的真实程度和价值层级。显然，一手证据比二手证据可靠，硬性证据比软性证据更有说服力，非刻意证据比刻意证据更真实，所以，前者都比后者有更高的证据价值和可靠性。其中非刻意证据与刻意证据的区别要更复杂一些，因为较难对这"意"进行判断，刻意和非刻意常混在一起。

了解证据的种类、性质、价值等，是为了在考证时能选用合适的证据，并不是所有的证据都可以成为合适的证据。按照证据法学而言，合适的证据应具备三种属性：相关性、可采性和证明力。文史考证的合适证据也应如此。不相关的证据明显不合适，不可靠的证据也不具有可采性或可用性。证词、二手证据、刻意证据虽然具有可采性，但证明力却不够强，也不能算是最合适的证据。总而言之，对证据的辨别就是为了寻求合适的证据，有了这种证据，现代文学的考证工作已完成泰半。

从"据"的角度看，书证、物证、人证等皆是"证据"，若从"证"的角度说，其实这些概念也可说是以书证之、以物证之、以人证之等。这里着重提及的一组概念是本证、旁证、反证。这一组概念在文史考证与法学中的含义有所不同。本证或叫内证是应用本书、本人、本事的相关证据以证明、鉴别文学史料和史实的真伪、是非等，最典型的莫过于校勘中的本校法。旁证指采用他人、他书、他事所提供的间接证据来进行考证。反证是与本证、旁证刚好相反的证据，也可以说举反证以证之。还有一个概念是"理证"。陈垣把理证与书证、物证并提。这个"理"既指情理、道理，也指推理，所以，理证既是证据更是证明。理证就是根据常识常理，结合逻辑推理去完成考证，一般是在找不到确凿证据和有说服力的证据的情况下才可动用。以上这组概念其实建构了现代文学考证研究如何正确使用证据的基本原则：主用本证、辅用旁证、贵在反证、慎用理证。

拿出合适的证据并正确使用是更好完成"证"的前提，但如何去"证"还涉及方法问题，古今文史学者总结了许多具体的考证方法，这些方法同样适用于现代文学研究，主要包括以下方面。

第一，逻辑思维法。以前考据学者主要使用的是形式逻辑的方法，包括归纳法、演绎法、类推法、比较法等。其中归纳法被认为是一切法之法，这种方法在考证中的使用最为普遍。义例法大概也是这种归纳、演绎并用的考证法。比较法也是考证中最基本、最重要的方法之一，往往是通过对史料的纵横比较找出其异同，从而考证真相。包括同源史料的比较、异源史料的比较、二手史料与一手史料的比较等。在现代文学的考证研究中，归纳法和比较法用得更普遍。现代文学的考证研究当然还会混合其他逻辑方法。如商金林在对所谓朱光潜的《给青年二十四封信》辨伪时，除了使用归纳法、比较法，还使用了类推法。朱光潜出版过《给青年的十二封信》，已证明《给青年的十三封信》是伪作（朱光潜自己证明），其封面图案是对真作《给青年的十二封信》的模仿。《给青年二十四封信》封面亦仿《给青年的十二封信》图案（只把"的十二"改为"二十四"），与《给青年的十三封信》手法大致同，故亦是伪作。总而言之，现代文学研究中的考证类文章在发掘证据、组织证据和证明过程中，主要使用的是上述逻辑思维的方法。

第二，调查观察法。清代的考据学者除了使用逻辑思维的方法完成从文献到文献的研究工作外，还使用调查观察法。特别是研究与自然界、器物等相关课题的学者，很注重用调查、观察的方法来获取资料，证成其说。观察法在现代文学版本的考证中经常被用到。目验或经眼了版本实物便能直接证明或否定某些考证，有时只要凭借版本封面、版权页等书影即可。实地考察有点类似于社会学的田野调查法，更常常能解决考证中的某些问题。现代的摄影、电影等技术为现代文学考证性研究的重返历史现场、目验当年实物等提供了可能，使以图像证史成为现代文学考证的新方法或一种特殊的调查观察法。由于现当代文学与我们的时代距离较近，我们还可以通过与作家或当事人往来书信、采访或访问等调查方式获得历史证据。例如，金介甫写《沈从文传》，关于沈从文及其创作中的许多需要考证的问题就是通过以上调查方式解决的。这些调查所获取的"口述"史料，有助于考证，是还原文学史真相的重要方法之一。即便无助于问题的最终解决，这些资料亦可以"口述史"方式存在，以备待考。总而言之，在现代文学研究中采用调查观察法，可以有比古代更多的具体手段去获取人证、物证等信息，更快捷、直接地完成考证研究。

此外，还有一些辅助性的考证方法，如数学考证法、e 考证法等。现代文学研究中常有用数学方法辅助考证的情况。例如，朱金顺据稿纸行数、诗的行数推算柔石的《秋风从西方来了》一诗散佚八行并最终找到全诗。现代文学中有许多时间或日期的考定都可能会用到简单的数学运算，如秦贤次的《民国时期文人出国回国日期考》等。而要证明作品的修改程度、畅销与否等问题，则需要对修改次数、作品版次和发行量等进行量化统计。所谓 e 考证法是当下互联网媒体时代新兴的考证法，主要是利用网络电子数据库、网上图书馆、学术网站等来搜索证据，进行考证的方法。e 考证在目前的现代文学考证中应用还不太多，而随着电脑技术的发展和现代文学文献数字化的完备，e 考证将成为非常重要的辅助考证法。

123

二、考证方法属于广涉性的学术

考证性研究虽然也涉及史料或史实的深入追问，但重点不是求取思想的深度，而是关乎知识的广度。从这个意义上而言，考证其实是一种广涉性的学术。大体说来，古典文献学的考证涉及古书和史实，而现代文学的史料考证涉及书刊、图像等文献和文学史实。文史研究界一般沿用德国史学家伯恩海姆的分类法，把考证分为外部考证和内部考证。外部考证是低级考证，内部考证是高级考证，外部考证为内部考证做铺垫，内部考证则是外部考证的继续和深入。实际上，这种对考证的价值高低的评估和次序先后的安排并无多少实际意义，但外部考证和内部考证之分却有助于我们认知现代文学考证性研究的广涉内容及其性质。

实际上，外部考证和内部考证有时很难做截然的区分，现代文学的考证性研究往往既有外部考证又有内部考证。这说明考证之术广涉史料内外，涵盖了整个现代文学史料研究。从考证与史料学学科分支关系的角度也能很好地说明现代文学的考证性研究所具有的广涉性。考证学方法的应用很广，目录学、版本学、校勘学、辨伪学、辑佚学、注释学等都离不开考证的方法。所以，如果把考证看成一种科学方法，文献学或史料学的各学科分支都需要这种方法，同时这种方法又离不开各学科分支的具体方法。

我们可以侧重从现代文学文献学的学科分支角度看考证方法的应用程度。现代文学史料学或文献学的每个学科分支在文学史料的搜集、鉴别或整理中都有各自的方法，但都需要用到考证的方法。如辑佚中的线索追踪、由笔名而发现佚文等都需要细致的考证。辑佚中的"陋""误"等现象的出现也是缺乏考证所致。避免这些现象，就须在辑佚时不凭猜测、感觉或孤证等定谳，而要进行周密的考证。如方锡德对冰心佚作《惆怅》的考证就提供了本证、旁证、书证、人证等七八条证据，运用了比较法等考证方法。而辨伪之学整个就是考证之学，辨伪的"辨"就是考辨、辨析。辨伪侧重施展辩证这类"曲折委蛇"的考证之术。在现代文学的辨伪实践中，就有一些精彩的考证文章。如商金林《<给青年二十四封信>非朱光潜所作——评章启群先生对该书作者的"考证"》一文的考证：先从该书的封面的笔迹、篇名、信的格式、写作时间、出版书店等方面考证该书为伪作，侧重的是外部考证；又对章启群《新发现朱光潜<给青年二十四封信>的考证》一文中书的内容应为一流学者所作、书中的政治思想和观点、哲学和美学观点、风格和文字、出版时间等五点考证逐一提出反证，重在内部考证。

校勘是侧重文献字句等细部的考证之术。对校法、本校法就是内部考证，而他校法、理校法偏于外部考证。校勘其实就是一种正误汇异的考证。不过，当校勘成果仅仅借身于一种版本（如精校本、汇校本等）时，我们无法呈现其考证的功夫。只有在校读记这类校勘研究著述中才能更好地体现考证的过程和方法。校勘一般偏于述证，其中理校法可能偏于辩证。在现代文学校勘研究中，也有许多体现考证特色的著述，如王得后《<两地书>研究》一书中的校读记等。版本研究与考证的关系也十分密切。需要寻找诸种文献材料和版本实物这"二重证据"，必须有正文本和副文本因素的相互参证。版本源流和文本谱系的梳理往往采用述证，版本演进带来的文本蜕变则需要辩证。版本研究的著述形态如校读记、汇校本、书话等都离不开考证。依托版本研究而进行的文本发生学、版本批评或其他学科的研究，也需要有考证的基础。目录编撰亦与考证相伴，目录为辑佚、辨伪、校勘、版本研究的考证提供线索，而目录的最高境界"辨章学术，考镜源流"体现的也是考证的功力。总而言之，整个现代文学史料学或文献学的研究都要广用考证的方法，其他研究如索隐研究、本事研究、传记批评等离开考证也无法深入。同时，考证之术也要广借史料学或文献学分支的具体技术。

跳出史料学或文献学的视域，我们仍能看到考证之术的广涉性。要从事历史的考证，仅有文献学的知识是不够的，还需要有逻辑的素养和有关的专业知识，如历法、地理等，现代文学的考证性研究也是如此，仅有文献学的知识是不可能圆满完成考证工作的，逻辑学素养也很重要。

现代文学研究中的考证在某种程度上可以被看作是历史和文学史的复原，所以各类历史知识和史学理论知识自然又是考证性研究的应有构成。考证之术与法学也有天然的关系。现代文学的考证性研究也当学习法学的严谨，每一次文学史实的考证都应该被看作一次责任重大的文学断案。考证之术当然还需要其他相关的知识，学者要无所不窥，知识域越宽广，就越能有更多的"支援意识"，越能完成科学的考证。从应用之广的角度而言，史料学、文献学之外的许多研究方法或学科也都需要考证之术，如文学研究中的索隐研究、本事研究、传记批评等。总而言之，考证之术所需要的知识没有边界，考证之术是广涉之术。

三、考证学是较高级的批判方法

考证实质上也是一种包含或基于初级批判的较高级批判，考证之所以可以称为较高级批判，是因为它体现了一种较高的治学精神或境界，即一种"实事求是"的科学精神。"实事"用今天的话是客观事物、事实或证据。"是"指的是真义、真相、正确性、最大值等。"实事求是"自然有其史学、哲学的内涵，但它也是考证学的理论总纲。考证中的实事求是精神应该具有多重内涵。其一是具有怀疑精神。实事求是的第一步是怀疑，怀疑才能读书得间，进而从间隙中进入。其二是具有批判意识。怀疑而能追问、审思，这已进入到批判过程，然后是去蔽、揭露、减否、重估或否定等进一步的批判。其三是闻疑存异原则。闻疑存异就是涉疑处，不妄下断语，阙而不论以待查考；歧异处，不自逞臆见，并存加注以便省阅，这也正是一种实事求是的态度。

总而言之，实事求是的精神用现代的观念说就是一种治学的科学精神。治学能否体现实事求是的精神，其学术效果将大不相同，中国传统的考据学因具有了这种实事求是的精神，其治学水平已达到了一种较高的境界。

实事求是的理念往往具体化为考证的方法。进入 20 世纪以后，学者们则从这些方法中提炼出"科学"精神。如梁启超在《清代学术概论》中说："清儒之治学，纯用归纳法，纯用科学精神。"认为实事求是、考据方法和科学精神之间几乎可以画等号。胡适在《清代学者的治学方法》一文中也总结："他们的方法是归纳和演绎同时并用的科学方法。""无论如何琐碎，却有一点不琐碎的元素，就是那一点科学的精神。"这些文史学者既从传统考据学中阐发其科学精神，又借鉴西方学术思想和科学方法，如兰克的"史料批判"方法、杜威的实验主义等，更自觉地发明和应用新的考证方法。经过进一步发展，现代考证方法既有实事求是的传统积淀，又有现代科学精神的灌注，演变为一种较高级的学术批判方法。

目前，考证的方法在不断增加，考证的材料也越来越丰富，因此，就有必要对这些批判进行再批判，尤其是不能简单沿袭旧的批判方法并挪用于新的批判。要对考证之术进行恰当的价值批判，应该注意以下方面。

第一，考证可定位于"述学"。从广义的角度论考证学方法，考证性研究不逞于哲学的思辨和文字创作的才情，而重在以丰富的学识对史实与真相进行叙述、陈述，是"述学"。考证不仅是"述学"，要旁征博引地去"述"，且无需文采，所谓"朴学"是也。从狭义的角度看考证之术，它与版本、目录、校勘、辑佚、辨伪等都是"述学"，都可以算是"述而不作"。考证本身无论是述证还是辨证，主要也是采取"述"的方式。

在现代文学研究中，人们往往重视理论轻看考证。实际上，如果依据"论"和"述"两种不同的学术言说方式，可把现代文学的研究成果分成论著和述著两种，这两种学术言说方式及其著作形态并无价值高低之分，而是相互借助、相辅相成的。考证所"述"，正是"论"的基础。考据所得的是历史的知识，考证所得的历史知识有助于审美实践。总而言之，现代文学的考证性研究的主要特征就是"述"，是真实地呈述现代文学背景的、历史的、隐藏的各种真相。

第二，考证有别于索隐。索隐法是古代形成的一种文本解读法，是通过文本的表面意义索解其隐指的意义。考证在诸多方面都有别于索隐：其一，索隐法主要用之于文学文本，考证则适用于各类文本，且考证不限于文本；其二，索隐法主要是追索文学文本里隐藏的政治内涵或历史真相，考证所考的内涵更宽泛。索隐常采用类比法、拆字法、谐音法、转义法甚至射覆法等去解读文本，有时会断章取义、望文生义、穿凿附会，充满主观随意性。而考证则追求客观性和科学性，需要本证、旁证俱全，内部考证和外部考证兼备，且使用归纳法等多种科学方法，更有说服力地呈现史料与史实真相。但另一方面，考证与索隐也有相通之处。如果是证据不足、述辨不周的考证，也容易像索隐一样具有穿凿附会之弊。索隐中的谐音法、拆字法等也可借用于考证，尤其是研究有影射倾向的文学作品。而现在的索隐研究也已开始吸收考证的方法而成为趋同于考证的"考索"。总而言之，简陋的考证可能形同索隐，而科学的考证当无穿凿附会之弊。

第三，考证不等于烦琐。考证学方法常被批判为烦琐。当代对考据烦琐的批判则主要源于对这种治学方法的不理解、不认同以及这类文章的阅读有障碍等。考证学有一条定理是"孤证不为定说"，证据越多越好，所以博征繁引、参伍错综、论证缜密是考证学的内在要求。同时，考证最常用的方法是归纳法，而唯有最大限度地穷尽式归纳才能得出相对真确的结论。现代文学研究虽然不可能达到对传统经典考证那样举证上百条的程度，但恪守"孤证不为定说"，追求博证的原则还是应该坚持。至于解决烦琐考证带来的阅读障碍问题，古人已做过尝试，如制成图表就可以使考证变得直观简洁，现代文学考证也可继承此法。如作家踪迹的考证可画成行旅路线图，作品版本的考证可制作版本谱系图，其他有许多归纳性的考证皆可列为表格。此外，还有转成注释之法，即把次要的材料、证据放进脚注或尾注里。这样，正文就更容易阅读，丰富的证据材料也得以保存。最后，应辩证地看待烦琐问题。烦琐不烦琐，不在于考证问题时所引用的材料的多少，而在于所引用的材料是不是为了解决考证的问题时所必需的，是不是都有内在联系的。如果是必需引用的，各项材料都是有联系的外证和内证，那么虽多到数十百条，也不该说是烦琐；如果不是必需的，即使少到一二条，也该说是烦琐。因此，现代文学的考证应规避无意义的烦琐，不避有意义的烦琐，但为了阅读便利，也应尽量化约烦琐。

第四，不提倡有争议的考证。通常情况下，有些考证虽没有明显违背考证学规范，但因其常会引起争议，也不应被提倡，此考证主要有两类。一是默证。默证被指为消极的推断。凡欲证明某时代无某某历史观念，贵能指出其时代中有与此历史观念相反之证据。若因某书或今存某时代之书无某史事之称述，遂断定某时代无此观念，此种方法可称为默证。默证法在现代文学考证中不可滥用。二是"过限"考证，这不是指过量、过度的考证，而是指超过了考证应有的界限而进行的无关宏旨、意义不大的考证。

现代文学研究中的考证方法之所以只能被称为"较高级批判"，是因为它还较少达到更高级的境界。因此，现代文学研究中的考证方法还需要多运用辩证思维和批判精神，对文学史料的形构意图、本质属性、史料观等进行更高层级的批判，这样才能使之更加科学有效。

第六章　现代文学研究的创新路径

第一节　现代文学研究的接地性

"中国现代文学研究过程中，往往注重理论的探讨与逻辑的分析，以求将研究工作推至一定的高度。在这种背景下，虽然能够得出显著的分析成果，但是过于提高研究的视角与层次，反而会使得文学研究工作脱离实际，缺乏接地性。"[1] 在现代文学研究领域，长期以来有一种习焉不察的思维定势，即通过一两个关键词构筑整个文学史的叙述，如"现代性""审美"等。这种先入为主的思维定势，往往成为一种对确定性的寻求。将接地性纳入中国现代文学研究中，是要在"启蒙""现代性""人民性"等宏观话语构建出的同一性、一致性后面，发现差异性、多样性，摆脱对中国现代文学史本质主义的理解方式，发现一个更为丰富复杂的中国现代文学场景。

一、提倡现代文学研究的接地性，先要恢复历史的细节

提倡中国现代文学研究的接地性，先要恢复历史的细节，从鲜活的场景中观察中国现代文学的发生、发展、影响和曲折。在中国现代文学研究中，存在一些习以为常的认识，当我们对这些认识加以考察的时候，往往发现并不完全如此。例如，《新青年》是新文学运动中最为著名的杂志之一，在中国现代文学史的记述中具有崇高地位。《新青年》常被描述为中国现代文学具有发端意义的刊物。其实，作为一场思想文化解放运动，文学革命的发端远早于《新青年》的倡导，这样看来《新青年》的现代文学史坐标意义只是相对的，而不是绝对的。

对历史的描述，思想者往往选择最富于时代潮流的事件加以放大、突显，使之成为历史绵延中的坐标点，但也因此把历史戏剧化、抽象化了。鉴于此，我们有必要重视对中国现代文学研究中的一些基本问题，重新进行历史细节的还原，以期得出符合历史事实的结论。此外，就具体的作家研究而言，也应强调"接地性"，即注重全面、深入掌握资料，

---

[1]　曹迪：《浅谈中国现代文学研究的接地性》，载《散文百家》（新语文活页）2017 年第 6 期，第 3 页。

以期得出更为公允的结论。以萧红为例，夏志清的《中国现代小说史》中并没有给萧红以特别的位置。随着新史料的不断发掘，社会思想逐渐开明，还会有更多有意无意被忽略或重视不够的作家，需要进行重新研究或评价。

二、在相对微观的层面上建构现代文学背后的物质性景观

提倡中国现代文学研究的接地性，要在相对微观的层面上建构中国现代文学背后的物质性景观。从中国现代文学的研究史看，现代文学背后的物质性因素是研究相对薄弱的环节。民国时期，是现代文学的生成和发展时期，多数的研究都在感性批评方面，1936 年赵家璧主编的《中国新文学大系》是中国现代文学第一次系统总结，聘请了胡适、鲁迅、周作人、郁达夫、茅盾、朱自清等新文学的元勋和健将参编，堪称是中国新文学第一个 10 年的经典理论总结，但鉴于当时新旧文学的对垒以及时间跨度过于短暂，对新文学的总结有其历史局限性。

近年来，在多元研究语境下，与中国现代文学相关的物质技术层面已有少数学人涉及。陈平原在《作为物质文化的"中国现代文学"》一文中提到："从'物质文化'入手，在我看来，不仅合情合理，而且颇有新意。"这里所谓的物质性主要是指相对于思想、信念而言更便于观察的实践性活动，如印刷出版、制度的制定、法令的颁布、新兴书业的发展竞争等。系统全面考察中国现代文学背后制度的、物质的、经济的等可以观察的层面，在理论上说是对精神现象背后的物质性原因的探寻，借助这一视角，将中国现代文学推展到更大的社会范围中去，以往对新文学的研究，过分强调了其对社会生活的作用，而忽视了社会生活的变化是促成中国现代文学的关键性力量，正是因为经济、文化等方面的整体变化，通过一系列中间环节才使文学发生了根本变迁。

事物的发展离不开背后种种物质力量的制约和牵引，中国现代文学的发展历程也是如此，在其发展过程中，有诸多物质性因素促进或阻碍着它。例如，近现代以来快速发展的基础设施建设，无疑加速了现代文学的传播。中国现代文学自文学革命以来的迅速发展，不能不说与交通运输业的发展有绝大关系。同时，中国现代文学的发展也受到物质因素的强烈制约。以新式标点为例，这一新事物在观念上虽然很快为人们所接受，但由于印刷厂缺乏标点符码，一直拖了很长时间才得以普及，从这一点即可明了中国现代文学发展与物质性因素的密切关联。

三、从文学现场出发，带动现代文学研究深入与观念更新

提倡现代文学研究的接地性，要从文学现场出发，而不是从主义出发、从观念出发，

从多侧面构筑文学史的景观，带动中国现代文学研究的深入和观念的更新。新时期以来，中国现代文学研究取得了长足进步，但仍然有不少问题值得深入探讨，尤其是一些与中国现代文学研究密切相关的基本概念，如"新文化""新文学""启蒙""科学"等。这些基本概念的廓清，不能在纯理论层面，更需要借助真实的历史场景做更为细致的观察。

新文化是相对于旧文化提出的，关涉到现代与传统的关系，"新文学"是相对于"旧文学"提出的，是文学革命的产物，很长时间以来，新文学的概念和中国现代文学概念是画等号的。在普遍的理解中，新文学也被认为是新文化的，而所谓的新文学也常常被简约为白话文学，于是隐约有一个约定俗成的等式——"新文化＝新文学＝白话文学"，与之相反，也有一个等式——"旧文化＝旧文学＝文言文"。这样，就有一批以文言为表达工具的精英分子，由于其语言工具的原因就被指称代表旧文化，被贴上了"没落""守旧""倒退"的标签。这里显然存在着误区。应该说以白话文为语言工具的新文学并不必然都传达新文化，而以文言为语言工具的旧体文学也不必然传达旧文化。

与新文化密切相关的两个概念是"启蒙"和"科学"，从某种意义上而言，"启蒙""科学"等观念，是五四文学革命以来新的意识形态词汇。意识形态生产、传播和接受的隐秘规则，亦即把自己的利益说成是社会全体成员的共同利益，而这一转换的结果是"自己的思想"成了"普遍的形式"经由这样一个修辞的转换，自觉的成为大家的，局部的成为普遍的，暂时的成为永恒的，人为的成为自然的。以此思路来审视现代文化和现代文学的发展历程，自文艺复兴以来，无数作家在文学中大谈人性、文学、价值、美、趣味、情感等现代观念，都是在把"自己的思想"转变为"普遍的形式"。"科学"这一概念也有被意识形态化的一面，"科学"概念一直被泛化地理解着，作为一种信念和理想被人尊崇。新文化的前驱者通过引进这些新观念，催动了社会的变革。这些新观念在解放思想的同时，鉴于现实问题的紧迫，很快就进入了社会实践层面，为了实行的便利，新观念被赋予不容辩驳、绝对正确的价值，从而被抽离了具体内容，成为抽象信仰。这样，建立在理性基础之上的科学等观念，在解放思想的同时，也有可能陷入思想束缚的境况。

"新文化""新文学""启蒙""科学"等新观念，有着激动人心的吸引力，产生了重大历史冲击力，也引发了一些问题。近现代以来，中国现代化进程是以西方为模本的，一系列的新概念都来自西方，新概念的宣传者、鼓动者在热情的驱动下往往忽略了概念本身产生的条件和背景，没有深入思索和考察不同时代条件和背景下产生的概念是否具有普适性。这样难免出现问题。"新文化""新文学""启蒙""科学"等概念在实践层面上是异常复杂的。就"新文化"而言，新文化是由许多不那么明显的进程汇合而成的，不应被视为毫无过程的存在物。新文化的传播，教育是主要的途径，从实际进程来看，最初是在高等教育中发挥作用，然后进入中小学，逐渐成为社会文化领域的主体。经过多年时间，新文化从中心城市传播到边缘城镇，有的地方接受快，有的地方阻力大，情形各异。就新文化传播的实际情形看，涉及社会不同部门，而又重复、重叠或模拟并互相支持，共同构建一个模糊而又内涵相对确定的新文化。

四、强调细节、多元、差异性、偶然性历史叙述的重要性

接地性的提出，既是应对西方理论"影响的焦虑"的产物，同时又是对西方理论尤其是后现代理论的应和与发挥。"接地性"在其实质意义上而言，是与西方后现代理论有内在联系的概念，即都强调细节、多元、差异性、偶然性的历史叙述的重要。就中国现代文学研究而言，强调文学研究的接地性可以从以下方面着手。

第一，要破除在对文学现象归纳过程中，因过度抽象带来的偏颇结论。中国现代文学的研究框架基本是在现代性的基础上建构的，以"理性""启蒙""科学""民主"等与现代性相关的概念为核心。进入 20 世纪六七十年代，后现代运动发起了对现代性的批判和颠覆，揭示出对理性的膜拜如何导致对差异性和个性的压制。后现代思想在向各人文社会科学渗透的过程中，有一系列影响深远的学术建树。后现代思潮对中国现代文学研究具有很大影响，现代文学传统不是完整的、固定的、同质性的，而是包含着多元、复杂和矛盾的因子，要看到它延传过程中可能存在的变异、断裂和非延续性。显然，这是要在中国现代文学研究中加入多元性、差异性和偶然性，也可以用"接地性"来概括。同时，对具体现象的解读上，也必然刷新认识。

第二，恢复文学现场的丰富复杂，由此带来众多的中国现代文学研究生长点。近年来，"触摸历史"的态度被提倡，即指深入历史细节与历史人物、历史事件拉近距离，从而达到同情的理解、理解的同情，不追求宏大、排他的结论。对中国现代文学研究的过程性认识不足，总想得出一劳永逸的结论，是不足取的。中国现代文学的研究关键是在复原文学史本身丰富复杂的话语场，在各种话语场彼此碰撞、融合中完成对历史理解的丰富性和深刻性，防止学术研究完全陷入一元论的逻辑圈套。通过强调历史细节，强调文学研究的接地性，我们会发现中国现代文学的诸多生长点。现代文学的独特性和丰富性还远未能被充分地发掘和认识，何况作为一种已经渗透到当代社会生活中的"新传统"不断会有许多题目等待探究。从另一角度思考：现代文学研究的"拥挤"也可能是因为思路狭窄，还有很多空间未曾开发。

在文艺理论界"接地性"显然是作为对抗西方理论话语的策略被提出，可以看作是文学理论界摆脱学术失语的努力之一。强调文学研究的接地性对于中国现代文学研究具有更为基础和根本的意义，中国现代文学研究的深入发展，必然有赖于更为开阔的学术视野和更为扎实的学术功底，而这也正是提出"接地性"的题中应有之义。近年来，"20 世纪中

国文学""重写文学史""重绘文学地图""民国文学"等，都是中国现代文学研究"接地性"的表现。

第二节　现代文学版本研究路径

一、版本本性相关研究

"版本本性主要是指它的物质形态和版本构成特性。前者是版本的可以辨识的表征凭借，后者是版本的可以考核的内容因素。"① 现代文学版本研究先要识察其版本本性。

（一）文学书刊的物质形态

版本本性的第一个方面是书刊的物质形态。古书的物质形态包括其印纸、字体、墨色、版式风格、书口鱼尾、制作方法、装帧形式等。从古书到新书，物质形态发生了许多变化。例如，古书用传统方法造出的麻纸、皮纸、竹纸等，新书用机械造纸。古书字体丰富、变化，如北宋的欧体、南宋的宋体、明中叶以后的仿宋体等，新书有通用的印刷字体。古书的有些物质形态在新书中已不复存在，有些在版本鉴别中已不太重要，有些则在改变。在古书和新书之间，版面设计、整书结构的变化则更为明显。在版面设计方面，古代的书"叶"与现代的（西方的）书"页"不同。中国古书的版面称为"叶"（以书口处折成两个半叶，整个版面为一叶），不同于新书（西书）之"页"（page）。在典型的古书书叶图中，我们能看到"天头（书眉）""地脚""象鼻""鱼尾""版心""书口""耳子"等部位和称谓，新书的页面上则只剩"天头""地脚""切口""订口"的部位和名称。古书的整书结构丰富多样，但以线装书最典型，它也有"书首（书头）""书根""书脊（书背）""书脑""书角""书口""书衣""针眼""书签"等部位和名口。新书在整书结构上也比古书简单，仅有书脊、上切口（书首）、下切口（书根）、封面（书衣）等。

总而言之，在版面和整书形态上，新书不如古书那样功能齐全，那样生动形象。线装书不仅具有生命感，同时也能带给读者以阅读的舒适和方便。这方面新书也显示了它的弱点，因为新书多是硬面装订。不过，有怀旧趣味的现代文学家也偶尔弄点线装书，掠古书之美。唐弢在《晦庵书话》中列举了现代文学中的一些线装诗集，如徐志摩的《志摩的诗》、俞平伯的《忆》、于赓虞的《晨曦之前》、刘大白的《白屋遗诗》、刘半农的《扬鞭

---

① 金宏宇：《现代文学的史学化研究》，长江文艺出版社 2018 年版，第 83 页。

集》（还有他编的《初期白话诗稿》）、沈尹默的《秋明集》等。现代文学书刊的版面设计虽然没有古书那么多的名目，但自有它的一种简洁；整书结构没有古书的多样性，也缺乏生命喻义，然而也有它的整齐与挺拔。

现代文学书刊的整书制作中有一种独特的结构即毛边本。新书装订好后不切边，边上不整齐，毛茸茸的，所以叫毛边本，阅读它的时候，需要一页页地裁开。毛边本有不同的形式，有的毛在书根，有的毛在书顶，有的三边皆毛。现代文学诞生以后，尤其是 20 世纪二三十年代，毛边本曾风行一时。中国新书的第一个毛边本据说是鲁迅兄弟编的《域外小说集》一、二集的初版本。鲁迅早年的著作、编著、译著如《呐喊》《彷徨》《坟》《朝花夕拾》《苦闷的象征》《唐宋传奇集》等都有毛边本。后期的作品如《集外集》《准风月谈》《花边文学》《且介亭杂文》等也有为数不多的毛边本。其他如周作人、郁达夫、郭沫若、张资平、林语堂、冰心、苏雪林、谢冰莹、叶灵凤、施蛰存、邵洵美、章衣萍、许钦文、蒲风等的作品都出过毛边本。新潮社、未名社及光华、大江、泰东、北新等书局都出过很多毛边本，尤其是北新书局可谓毛边本之大本营。20 世纪二三十年代的现代文学杂志，如《创造月刊》《莽原》《沉钟》《新文艺》《新月》《白露》《我们》《水星》等也有毛边本。

毛边本在现代文学作品的出版中成为一种特有现象，成为现代文学文献的一种特殊版本标志。20 世纪 50 年代以后，出版界不再出毛边本。毛边本有一种参差美、本色美，它的参差不齐、错落有致，是所谓参差美；它未经过加工，朴拙、天然的状态是所谓本色美。在边裁边读中，毛边本会给阅读带来参与、期待、发现、雅致甚至闲适等种种趣味。毛边本的天头、地脚、边缘的多留白，也给阅读带来视觉上的开阔感和题写阅读感受的方便。这些都造成了纸质文化时代现代文学作品的一种特殊的版本本性。

（二）书刊的版本内容构成

识察版本本性还须关注的一个方面是书刊的版本内容构成（可简称为版本构成）。古书的版本构成包括内封（相当于书名页）、序跋、正文、牌记、插图等。现代文学的版本构成则含封面画、书名页、扉页题词、序跋、正文、插图、附录、广告、版权页等。其中封面画、扉页题词等是古书版本构成所没有的内容。封面画因为有内容，所以是版本构成因素；而如果仅把它看成书衣，它就只是物质形态的装帧因素了。这些现代文学的版本构成又大致可分为文字内容构成和图像内容构成两大类。

1. 文字内容构成

（1）正文。文字内容方面先是正文，正文是版本文字内容的主体。古书的正文以卷篇来划分，卷大于篇。当然也还夹杂一些文体的划分单位。如小说有卷、回，戏剧有折等。

现代文学版本的正文，如小说有部、章，戏剧有场、幕。这些划分正文的叫法不同，但都是鉴别版本的一种重要依据。卷数、章数、折数、幕数等的数目不同能明显地分辨出版本的不同。

（2）版权页。版权页，古书中叫牌记，牌记在古书中是刻书者、出版者的专用标志，又叫木记、牌子或书牌。古书的牌记位置不固定，可以在序后、目录后、各卷之后。清代书籍的牌记多在书名页上。古书的牌记一般是申明版权，或反映刻书的情况和图书的内容，如刻书的时间、地点、刻书者、刻书缘起、刻书的校勘、底本等，甚至还包括刻书用纸和成本等情况。牌记是鉴定古书版本的重要依据。现代文学书籍的出版更重版权观念，改叫版权页。版权页上有时印有"有著作权，不准翻印""版权所有，翻印必究"等字样，一般在书的最后一页或书名页的反面。上面印有书名、著者名、发行者、印刷单位、出版时间及版次，还有价格等。牌记或版权页，一般不是作者所为，而是刻印者、出版者所设计，是考察版本的重要标记，它提供的历史信息也具有史料价值。20 世纪 90 年代以后，中国图书的版权页上又有了在版编目（CIP）数据，含著录数据和检索数据，包括书名、文类、出版社、责任者、书号等。

（3）扉页。扉页，也有人称之为书名页，上有书名、作者、出版机构等，也有指封面和书名页之间的空白页，其上有时有扉页题词或引语，这时扉页与书名页可分开称之。扉页题词是新书和西方书籍才有的，因此它是中国现代文学版本构成的新特征。一部作品有时没有扉页题词，有时又增加或删去扉页题词，这样，扉页题词的有无、多少又成为版本鉴别的一种依据。

（4）序与跋。序与跋也是版本构成的重要内容，古代的序又叫"叙"或"引"，现代文学作品或其他文献中除了叫"序"之外，也叫"引言""小引""导言""题记""前记"或"写在前面的话"等。序的位置古今不同，汉代的序多在书后。从写作的顺序来看，往往是先写正文再写序，序本来应该放在书后，所以当时《淮南子》《史记》《汉书》的序都在书后。但对于读者而言，先读其序，更容易进入正文，所以汉以后，序往往移置书前。现代文学作品的序当然也在书前。序的种类有自序、他序两种，这是古今相同的。现代文学中一些作品往往有很多他序和自序，如汪静之的《蕙的风》有朱自清的序、胡适的序、刘延陵的序和自序。《尝试集》有三个自序。多序的版本往往能证明作品的文学史意义或版本演变的复杂性。跋，又称书后、后序，现代文学版本中多称为"后记"。跋一般比序短，位置在全书之末。跋是对序的补充，所以，常以序跋并称。现代文学作品的序跋一般会交代作品的版本情况，所以也是鉴别版本的依据。

（5）广告。广告是书刊上所附的广告文字，也是版本构成的一部分。古书有时有广告，一般都在牌记上。现代文学书刊则往往有关于本书和他书的大量广告，在报刊上多刊插于补白处，在书籍中常单独成页。广告中常有书名、著者、书局、定价、开本等版权页的信息，也常有关于封面、插图、用纸、版本等信息，成为版本鉴别的重要材料。其实，现代文学的广告也是一种独立的文体。

2. 图像内容构成

版本构成中的图像内容主要是封面、插图，也包括照片等。古书有书衣，通常没有封面画。现代文学作品的版本则重视封面的设计，封面如果设计有画，就形成封面画。这是它不同于古书版本的重要表征之一。在现代文学版本产生的过程中，造就了一大批以封面设计闻名的封面画家、装帧家，如陶元庆、钱君匋、司徒乔、陈之佛、王青士、孙福熙、张光宇、丁聪、廖冰兄、古元等。有一批作家，如鲁迅、丰子恺、闻一多、叶灵凤、倪贻德、沈从文、胡风、巴金、艾青、卞之琳、萧红、秦兆阳等也都设计过许多封面（画）。现代文学文献或作品封面画的设计一般有两种类型：一是图饰性的；二是图解式的。图饰性的封面画是书刊的精美的装饰，一般与书刊的内容无关。这一类封面画设计得好，就是纯粹的、独特的艺术品。现代文学文献或作品版本的第二类封面画是图解式的，这一类封面往往是先观书而后作的，往往是书的内容的高度抽象化或形象化，这一类封面画也可以作为现代文学版本的形式美来欣赏，即无论是图饰性还是图解性的封面画都是现代文学版本的特有装饰。同时，封面（画）的改变也意味着版本变迁。

插图是中国古书常有的，所谓"图书"的概念，就是指有书必有图。中国文献最早的插图见于汉代，即有了帛书之后。这时的插图是手工绘制的。唐代雕版印刷术出现以后，开始有版画插图。到宋代时，人们的图文合观意识更强，插图更广泛。明清之际，书籍的插图更普遍。从儿童读物到农技医药文献，甚至四书五经都有插图本。通俗文学如小说、戏曲文本多有插图，且冠以"绣像""绘像""增像""全像（相）""出像（相）"等字样。如《增像全图三国志演义》等。即便是诗同文本也有插图，如《唐诗画谱》《诗余画谱》等。中国现代文学文献尤其是作品也有大量插图，许多作家都关心插图并介绍过大量文学作品插图，例如，鲁迅编印了《死魂灵百图》；郭沫若编印过《浮士德百卅图》等。一大批画家也都致力于现代文学作品的插图工作，那些封面画家同样也都设计过插图。许多作家也为自己或朋友的作品设计插图，如鲁迅为自己的作品《坟》《朝花夕拾》画过插图。其他如丰子恺为鲁迅的小说插图，叶灵凤为苏雪林的《绿天》插图，端木蕻良为萧红的《小城三月》插图。最爱为自己的作品插图的是丰子恺、叶灵凤、叶鼎洛、马国亮、张爱玲等，作家和画家共同促成了中国现代文学作品版本的图文并茂的特点。

以上所谓的版本本性是指版本的基本特性，而版本本性最理想的状态就是所谓"善本"。版本中的优者为善本，或者只有版本本性好的本子才可以称为善本。善本的特性可以包括：一是历史文物性（即文物价值）；二是学术资料性（即文献价值）；三是艺术代表性（指印刷、装帧等的艺术水平或版本的形式美等）。许多现代文学作品具有众多的版本，往往令人难以择"善"而从。初版本因其"旧"而算善本，比初版本更旧的初刊本更应是善本。比初刊本和初版本更后的定本常常又是精校本，也可以看作善本。所以，现代文学的善本内涵尚需要探讨。就现代文学作品的版本演变复杂而言，可以使用"新善本"的概念，就是指备具众本的汇校本，只有汇校本才能解决难以择"善"而从的矛盾。

二、从版本到文本研究

研究现代文学版本不能只局限于版本视域，还必须进入文本视域，这样才能跳出传统版本学的域限，使版本研究更加深入。在这里，先要从一般意义上区别一下"版本"与"文本"的概念。"版本"主要是一个图书学或版本学的概念，一个"实"指的概念，因它所含很具体，它包含书的制作、印刷、载体材料、结构形态等物质性特点，也指向文字内容和图像内容。"文本"是文献学、文学等学科使用的概念，一个"虚"指的概念，更具有抽象性，一般是用文字语言表现出来的组合体或语义交往形式。在阐释学、符号学中，指一套代码或一种符号体系，甚至是任何时空中存在的能指系统。

就一部现代文学作品而言，如果以"版本"视之，就只能是从"实"的维度，去发现作品的物质本性；如果以"文本"视之，则能从"虚"的维度，把握作品的抽象本性。对于前者，我们一般只关心其版本构成。对于后者，我们就需要研究其文本构成。当我们把"版本构成"置换为"文本构成"时，会看到一种微妙的变化和调整。正文变成了正文本，其他的版本构成因素则都变成了副文本，而且正文中的标题、副标题、笔名、题词、注释等则都可以纳入副文本中。正文本的重要性当然是无须多言的。以往文学研究，无论是文本的细读与阐释，还是文学史的书写等都是依托正文本。而在以往的文学史料批判中，就文学作品而言，其版本梳理和研究，异文及讹误的校勘，乃至辑佚、辨伪等，重点也是在正文本。而副文本在文本建构和阐释中的重要作用反而可能被忽视。因此，必须着重从副文本与正文本的关系入手来考察。

"副文本"是相对于"正文本"而言的，是正文本周边的一些辅助性的文本因素，主要包括标题（含副标题）、扉页或题下题词（含献辞、自题语、引语等）、序跋、图像（含封面画、插图、照片等）、注释、附录文字、书后广告、版权页等。这些副文本因素不仅寄生于一本书，也存在于单篇作品；不仅是叙事性作品的构成因素，也可以成为抒情性的诗歌和散文的组成部分；不仅单行本的文学作品中存在副文本，文学期刊中也有类似的副文本（期刊中也有图像、广告等，还有相当于序跋的发刊词、编者按以及补白等）。这些正文本周边的类似于饰物的副文本内容其实是作品版本和文本的有机构成；它们与正文本之间也形成重要的跨文本关系，是正文本的最显见且最具"在场感"的互文本。如果再具体地考察各种副文本因素，我们还会发现它们与正文本之间的有机构成程度及它们与正文本的互文深度还是不一样的。如版权页一般对文本建构和释义影响不大，但现在的图书在版编目（CIP）数据中往往有明确标示文本的文类，会影响到图书馆、书店的图书分类摆放，所以也会多少影响到对文本的研究。而附录因为其内容庞杂，不便在此概论。其他的副文本因素则对文本建构和阐释都具有重要意义。

标题本来是正文本的一部分，是文前最扼要的语符和意符，具有对整个文本的概括和控制力量。标题一般能聚集文本精魂、辐射作品大意，但也常有题文不符的情形，说明标题具有排异性；从发生学角度而言，古诗古文最初多无标题或后取标题，现代文学在实际写作中很多也是先文后题，说明标题具有后发性。而这些情况又都说明了标题具有某种独立性，这尤其表现在多幕剧、中长篇小说，或作品单行本中，标题会脱离正文本而出现在封面上。所以从这种意义上而言，可以把标题看成是"副文本"因素。当然，不管标题是作为正文本的有机构成，还是作为副文本因素，它对文本的建构和阐释都会产生重要影响，甚至可以认为它是文学批评的关键处或一种重要起点。因为标题参与文本意义的生成，是把握正文本的最扼要的语句，对文本的阐释也起某种界定和指示的作用。

在现代文学写作中，许多作家都有明确的标题意识。例如，鲁迅常常在作品自序中解释标题或书名的含义，张爱玲更刻意经营其作品的标题与正文本的关系，她常用中国旧戏名作标题，如《连环套》《鸿鸾禧》等；她有时甚至会在作品正文本中明示标题的旨意，如《金锁记》《茉莉香片》等；有时她还会在某些文章里讲她得意的标题，如在《红楼梦魇》序言中解说《流言》的标题。她的许多作品标题与正文本之间的那种指涉、隐喻甚至反讽关系体现了她的设计匠心，这在现代作家中十分突出。这既显示了标题与正文本之间的有机性，也说明了标题作为一种副文本的外力对正文本的介入性。

题词（或引语）也是一种重要的副文本，作者之所以要在一部作品正文前的扉页上或一篇作品的标题下加上题词或引语，其实有一种突出、强调或郑重的功能，或借此对作品之意"一言以蔽之"。题词可分三种。一是献辞，写上本书或本文谨献给某人。献辞除了表示作者与被献者有一种特殊感情之外，对正文本并没有什么意义，但可用于研究作者的人际关系、作者写作的拟想读者或隐含读者。二是作者自题语或他人题词。如张爱玲在《传奇》初版本扉页的自题语是"书名叫传奇，目的是在传奇里面寻找普通人，在普通人里寻找传奇"。又如《蕙的风》扉页是汪静之女友的题词"放情地唱呵"。三是引用格言、谚语、重要人物的话或经典中的语句。如曹禺的《日出》、柳青的《创业史》等即如此。作为副文本因素，题词或引语这种文本碎片对理解正文本往往很重要，尤其是第二、三类题词或引语，它们可能对作品正文本的主旨、情感基调、价值取向、文类特点、取材、本事等起到一种提示、强调、彰显的作用。

序跋的内容既有对作品的解释：包括书名、主旨、内容、艺术乃至作品得失、版本源流等。也会介绍作者，包括其生平、思想、著述原委、写作意图等。所以序跋一般是篇幅最长，内容最具体，也可能对文本最重要的副文本。通常被视为进入正文本的门径。序跋有时直接就是文本的结构，如鲁迅的《狂人日记》的文言序。序跋更具有阐释学的价值，它既有正文本寓意或作品本义和原意的提示，也是正文本生产、接受的记录。序跋既可能与正文本是有机的意义整体，但又会消解正文本的意义。因为序跋里的阐释可能与正文本不一致，使得阐释者意图与作者意图、文本意图相互矛盾。从这个意义上说，序跋既是进入正文本的门径，也是误解正文本的陷阱。在现代文学版本中，序跋的情况较复杂，有时是一本书的不同版本有不同的序跋，不同的序跋对作品的阐释不一样。有时是原来有序跋，在后来的版本中作者又去掉了序跋。还有的是编者自作主张砍掉了序跋，如《中国新文学大系》不收序跋。很多序跋原来与正文本唇齿相依，去掉序跋，可能有损于文本的意义建构和阐释，也可能会销毁文本的历史现场。

封面画作为一种图像副文本，无论是对正文本的图饰还是图解，都会产生一定的意义。当封面画有意义，它就与正文本的内容发生化合作用。即便是陶元庆的"大红袍"原本只作为许钦文的《故乡》的一种图饰，但那来自绍兴戏的形象也是一种故乡的符号，与《故乡》这本小说集就有了意义或主题关联。现代文学作品更有大量图解文本内容的封面画，它们与正文本的内容、主题的关系更为密切和直接。读者阅读作品时首先注意到的一般应该是封面画。封面画提供一种视界，界定了作品的大致内容；封面画营造一种特定的氛围，其实设定了阅读正文本的某种语境；封面既是画，按沈从文的观点，图画是一种抽象的抒情，所以它也调定阅读作品的情绪和情感基调。尤其是图解式的封面，更是阅读作品的先入为主的因素，触发和影响着读者对作品意义的理解。

总而言之，封面画也参与了作品意义的生成和阐释。鲁迅的小说集《彷徨》初版本的封面画也是陶元庆设计，它借图案、线条和色彩也传达出一种彷徨的情绪。萧红自己设计的《生死场》初版本封面画是一条红斜线将血色的东三省版图切离，上书书名"生死场"，喻指东三省即屈辱流血的生死之地。同时，作者名分置："萧"在关外，"红"在关内，又象征性地呈现了东北流亡作家身在关内，心系关外的乡愁。这已较好地图解了正文本内容。但由于画中的东三省版图又稍变形，又可视为昂首嘶鸣的战马头像，或翘首仰望的妇女头像。这个封面画在类似于图像悖论中，图解或图释出正文本的多重含意。有的封面画不仅图解正文本的意蕴，而且还辐射到文本之外的世界。如叶灵凤为郭沫若的爱情诗集《瓶》初版本设计的封面画，是梅花和半裸女的单纯图像，却隐指了诗集的爱情主题、诗人的爱情绯闻、诗人与德国诗人歌德的关系、诗人的自传性文本《孤山的梅花》等丰富蕴涵。

插图与封面画都是图像副文本，但有区别。这不仅在数量，每一单行本的封面画只有一幅，插图却可以更多，还在于它们与文本的关系，封面画对正文本更具有总括性，插图则更具体地对应于正文本的局部。插图常是选取正文本中的重点场面、典型意境、核心情节、主要人物做对应性的图解。插图能更具体、更形象地阐发文本的意义或补足文本的意义。插图的阐释价值也不可低估，好的插图可以补文本之不足。总而言之，封面画、插图等作为图像副文本都可称为"图本"，它们与文本一起合成所谓"言-像系统"，从而完整了文本建构。

注释，也应是一种副文本，在现代文学中，有的作品在诞生时就有注释，如冯至的《十四行集》初版本中就有附注。也有的是时隔多年以后，作者或编者的重新加注，如《骆驼祥子》《围城》等。对现代文学正文本的注释主要是对方言、外文、行话、风俗、典故、人物、典籍等的注释。目的是使正文本通俗化，扫除理解上的时代隔阂和地域隔阂。现代文学中的注释除了表明所注版本是一个容易被接受的版本外，更重要的也是有阐释的价值，或者注释其实就是一种关于作品的细部阐释。作为副文本，注释扫除了晦涩，使正文本中的一些本义更明确，不致被误读。尤其是那些现代派诗歌，如果有诗人的自注，就不至于使读者在解诗时如盲人摸象。如卞之琳在《雕虫纪历》中对《距离的组织》做了七个注释，使我们更易理解这首诗的本义。有的注释还会使正文本意义增殖，如钱钟书在《围城》定本中对外文和典故的注释。这说明注释也有建构文本的功用，尤其是叙事性作品中的注释会成为一种次级叙事，使整个文本变成一种双重叙事。

现代文学作品的广告与作品本身在空间上并不都是排列在一起的，大量的广告与作品是处于分离状态。如果所附广告有关于本书的广告，如《野草》附有《野草》的广告，它就加入了文本构成，也成为阐释上具有相关性的副文本。现代文学广告多对作家作品进行介绍和评论，往往篇幅短小，它在推销书刊的本意中也达到了对文本的一种通俗的阐释的目的，尤其是鲁迅、巴金、叶圣陶、老舍等名家所写的文学广告常常对作品有精妙的品评，因此这些文学广告文本可称为微型评论。同时，这些广告文字受篇幅所限，常常字斟句酌，有的甚至字字珠玑，有的几乎成了一种微型美文或智性小品，它们在现代文学中是既可独立又有所依附的特殊的副文本，也丰富了文本构成。

三、文本中的变本研究

要更深入地进行现代文学的版本研究，必须引入"变本"的概念。至此，我们已提出了版本研究的三个核心概念：版本、文本和变本。一般而言，一部作品的版本数量多于文本数量。因为不同的传抄者、编辑者、出版者可能将一个文本制作出众多的版本。这在古书传播中非常明显，所以古书版本学、校勘学的任务就是尽量回到或接近那个最初的原文本。在现代文学的发展中，情况变得更为复杂。一方面，一个文本可能有多个不同的版本，依然是版本数量多于文本数量；另一方面，这不同的版本可能就是不同的文本，出现这种情况的主要原因是"变本"的出现。

在中国现代文学中，"变本"是一个文本在主动或被动情境下改变正文本和副文本而形成的不同文本。这样，一部作品的文本数量就等于一个原文本加上数个变本。如果有手稿在，手稿就是原文本，其后的文本有可能是变本；如果手稿不存，只能以初刊本为原文本，其初版本及其后的文本有可能是变本；如果初版本是原文本，其再版本及其后的各种修改本可能是变本。再与版本数量串起来而言，就是现代文学的一部（篇）作品的版本数量往往多于文本数量，而其文本的数量永远比其变本多一个。因此，要进一步关注原文本与其变本的关系。

其实在毛笔和钢笔文化时代，现代文学作品的原文本应该是其手稿本，每部（篇）作品都应有其原始手稿或誊清手稿，只因多数手稿或毁或弃，我们才被迫将原文本后移。手稿本是一部（篇）作品的最初的版本形态，是文本未进入社会传播之前的原始状态，是未经印刷文化污染的真正原文本。现代作家的手稿本具有多重价值，如作为作家的手泽、真迹，是不可重现的孤本，具有文物价值；是毛笔、钢笔文化的产物，具有书法艺术价值，是一种本雅明所说的具有"光晕"的艺术文本。

作为原文本，手稿本的价值也体现在四个方面。其一，所谓字如其人，我们可以从字迹中直观和感知作家的生命能量、情感状态及性格特征等。如何其芳《夜歌》的手稿字迹秀丽、细小，有女性之风。巴金《随想录》的手稿已没有《寒夜》手稿那种龙飞凤舞之态，留有其晚年患帕金森综合征的书写颤抖字迹，所以，手稿具有字迹学价值。其二，作家往往在手稿上进行修改，手稿本就是保存有作家的定稿与涂抹掉的初稿两种不同文字层次的文本（这可以通过对原始手稿的背光观看或现代技术等可以发现，而影印、复印的二手手稿就无此可能，是留有作家构思的多种可能性遗迹的文本，是可以研究作家的修改艺术的文本。其三，从阐释学角度看，手稿是呈现作家最初文本意图和阐释基调的文本。其四，从史料学角度看，手稿本又是现代文学文献辑佚、辨伪的最直接证据，也是进行复原性校勘时回到原文本的最可确证的文字。总而言之，手稿本作为最可靠的原文本，具有多方面的历史还原价值。

由于手稿资源有限，现代文学版本研究的重点就只能关注的文本的变本问题。变本有不同的成因，也有不同的文本本性，下面主要探讨因为文学生产方式和传播载体的新变而诞生生变本以及修改型变本。

因为文学生产方式和传播载体的新变而诞生变本，如初刊本或连载本。近现代文学生产和传播方式与古典文学不同之处是出现了报纸和刊物。报刊使得现代文学作品有了初刊本，篇幅较长的叙事性作品则大多有连载本。以连载本为例，报刊因篇幅的限制，要求将文本片段地发表；读者的接受也变成了分散阅读和断续相接的审美；出版商为盈利也要求作家的写作取悦读者。这些又都影响了作家的写作，如连载作品呈现单元化或悬念性等。即现代报刊载体，一方面，左右了手稿这种原文本的生成；另一方面，手稿进入报刊时作家也会有调适性的修改。同时，手稿本在发表过程中又会有一定的变动，如编辑的文字修改甚至删削等。这样，初刊本或连载本也就可能成为原文本的变本。

修改型变本是由于作家自己的修改而造成的变本。所谓修改型变本，主要是指作家自己进行的或主动或被动的修改。这种修改一般能体现作家的意志。只要是作家经手了，都是重要的修改型变本，它们更是现代文学变本研究应该关注的重点。作品修改在中国现代文学发展中已成为一种普遍的存在，几乎所有的现代文学名著都有其修改型变本。在20世纪五六十年代，作品修改几乎可称为成为一种文学现象和浪潮。修改型变本大体上包括三种类型：第一类是跨时代（段）修改型变本，即作品的原文本出现在一个时代或时段，其修改型变本则出版于另一个时代或时段；第二类是跨国或跨地区的修改型变本；第三类是跨语际修改型变本，主要是在母语与外语的翻译或转换中修改作品。

四、多学科整合的研究

现代文学"版本"研究会与版本学、校勘学、目录学等相关联，"文本"研究要牵涉文本发生学、创作学等，"变本"问题则会成为传播学、接受学、语言学、修辞学、观念史学等的关注对象。因此，对现代文学文献版本的研究尤其是作品版本的研究，可以从多种角度切入。

（一）版本学、校勘学、目录学的关联研究

版本学、校勘学、目录学的关联研究是版本史料的最基本的批判方法。版本研究先要运用版本学的方法。版本学是一门以图书版本为研究对象的应用性学问，它可以研究版本现象、版本理论、版本学史等，但最主要的是对于图书的"正本清源"，即版本本性的确认及其源流、谱系的梳理。版本学的研究需要像史学研究一样讲求"二重证据"。现代文学版本研究要求的二重证据是版本实物和其他文献材料的结合。

要考察一部作品的版本，先是要找到版本实物。有了版本实物，我们才能看清它的封面、序、跋等副文本的原有状态，看清它的正文本的本来特点等。要尽量找到原刊、原本的版本实物，这是最直接的版本史料。其次是找它的复刻本、影印本。再次是找那些标明按初刊本、初版本等翻印的版本。但很多时候，这些再生版本不如其原刊、原本的版本实物可靠。其他版本如修改本、定本等也应该经眼其版本实物。而所谓其他文献材料是指作

家的日记、自传、创作谈等和他人的研究论文、作家年表、校读记、目录著述、回忆文章等，这些外围史料都是研究版本问题的重要参考。既有版本实物又有其他文献，才可能更有效地进行现代文学文献版本的"正本清源"工作。从研究方法的角度看，版本学的研究其实离不开目录学、校勘学的方法。传统的校雠学或目录学都已包含有版本学，它们三者之间相互依赖、彼此借助。版本学等的研究体现为一种工作过程，这个工作过程大体有以下步骤。

第一，备具众本。以作品为例，就是要找到其所有版本，如手稿本、初刊本、初版本、修订本、定本等，还有删节本、盗印本、伪装本等。要备具众本先就要利用已有的现代文学目录、校勘著作。如已有的现代文学书刊目录著作《中国现代文学期刊目录汇编》《民国时期总书目》《中国现代文学总书目》《中国现代作家著译书目》等。一些现成的校读记、汇校本之类的校勘成果参考起来更方便。如孙用的《〈鲁迅全集〉校读记》，还有湖南文艺出版社出版的《〈女神〉汇校本》《〈棠棣之花〉汇校本》，四川文艺出版社出版的《〈围城〉汇校本》《〈死水微澜〉汇校本》等。这些校读记、汇校本之类的著作一般都汇聚了众本的异文，即已经备具了众本。

第二，鉴别版本。备具众本之后就有一个鉴别、考辨版本的过程。在这一点上，古今有差异。古书版本因为经历了年代久远的流传，往往真伪难辨，所以古书版本研究把鉴别真伪版本的工作放在首位。现代文学研究也需要对版本真伪进行考辨，但由于其作品的版本构成复杂、版本密度大、变本多，所以研究的重点应是版本本性的识察、版本源流的梳理和版本优劣的比较等。

第三，异文校勘。版本鉴别中最细致、最烦琐的环节其实是异文的校勘，这已不是版本外部特征的考察了，而是真正进入文本内部，对其文字差异进行比勘。这主要是一种汇异性校勘，只须校异同，不必定是非，故只用对校法：将一部作品的手稿本、初刊本、初版本、修改本、定本等逐一两两相校。

第四，异文记录。在对校的同时要对异文做完整的记录，且可将异文按照行文顺序并置排列。这样便于异文的比较，便于看出修改内容的有机联系，甚至便于找出"关系束"或同类项从而完成对作品的横向阅读。

（二）传播学与接受学的研究

现代文学文献版本的变迁其实也是文献的传播和接受互动的结果，所以从传播学和接受学的角度去研究也很必要。这需要研究传播制度、传播机构、传播媒介、传播方式等与作品版本的关系，需要研究把关人（编辑）、接受者（读者、评论家、改编者、传抄者等）对文献版本变迁的影响。例如，20世纪20年代至40年代的审查制度造成了《山雨》《子夜》《长河》等作品的删节本。20世纪50年代初，正是开明书店推出"新文学选集"，才促成了许多作品的节录本或修改本。20 世纪 50 年代至 80 年代，更多的现代文学作品的修改本、改订本则主要由人民文学出版社和作家出版社主导和出版。20 世纪 50 年代至 60 年代，许多作品出版后会引发读者的论争和讨论，也促使作家将《青春之歌》《创业史》等作品弄出修改本。20 世纪 60 年代至 70 年代，许多"潜在写作"文本则由于人际传播造成许多手抄形式的变本。如《第二次握手》《一双绣花鞋》等，这些特殊的传播和接受现象也带来文献的差异。至于"把关人"（或把门人）直接地参与到文本的生产和变本的制作当中，这更是 20 世纪 50 年代以后的普遍现象。如茅盾《子夜》1954 年的变本就是根据编辑龙世辉的标示修改而成的。王蒙的《组织部来了个年轻人》变成《组织部新来的青年人》并有文本的局部增改，这也是编辑秦兆阳直接操刀的结果。所有这些版本史料内容都可以是传播学和接受学的研究对象，而这种研究恰恰可以突出史料生产中其实就存在的传播和接受问题。

（三）文本发生学或创作学的研究

文本发生学或创作学的研究是现代文学版本史料批判的一种特殊角度，作为文学批评方法，它一般称为"渊源批评"或"演进批评"，关注的是一部作品的创作过程或多种可能性。作为史料批判的方法，它突出了版本史料的发生过程和复杂性。渊源批评更侧重研究作品的手稿本，即研究作品成为社会产品之前作家在手稿本中的取舍、修改、调整过程，构思的未定性、偶然性及作家的写作思维状态等，也可称为"手稿诗学"或文本发生学。这种研究注重的是作品的原始文本状态。关于现代文学手稿本的研究，可以通过对手稿本的统计、归纳、描述和分析来展开。还可以将手稿本与其发表本或初版本进行对校、比较，这样我们可以更完整地看到作品的原文本与后来的变本之间的渊源关系、内容差异、艺术得失等。

"渊源批评"这个概念强调了作品的本原问题，所以指向手稿本这一真正的原文本。"演进批评"的概念则突出了文本的整个演进过程，故可以涵盖从手稿本到发表本或初版本以后的各种版本。演进批评是从作品的版本演进中去研究创作动机、创作心理、创作技巧、修改艺术等创作之道的。实际上，一部作品的版本演进过程既告诉习作者"应该这么写"，也告诉习作者"不应该那么写"。所以，作品所有版本的演进都是学习创作的"实物教授"，也是文献变异的实例呈现。

从版本演进中去探寻作品的创作艺术，这种研究一般可用点评或笺评的方法；或者并置两个文本，然后就重要的修改内容加以点评；或者罗列不同版本中的异文，然后加以笺评。点评或笺评是与作品原文片段组合在一起的一种注重文本精细分析的一种批评方式，是一种中国式细读法。这些做法承袭中国古代评点派传统，也切合中文"批评"一词的本义。目前，这一类研究似乎只注重现代文学作品的修改艺术，而且研究者一般都秉持一种

143

版本进化论思维，即认为作品会在版本演变中进化。作家们推崇和看重自己作品的修改本或定本，结果便是他们的选集或全集所收往往是这些版本。而一般的研究者由于缺乏版本学知识以及对版本进化论的反思，也往往只注意修改带来作品进化和完善的一面，却忽视它也有退化的一面，即不仅有版本演进的情况，也有版本演退的可能。无论是版本演进还是版本演退，我们都从一种价值批判中完成了文献版本史料的批判，从发生学的角度动态地呈现了文献版本史料的变异过程，同时也增加了有关版本的研究性史料。所以，这种研究超越了以往对版本的静态的文献学研究。

（四）语言学、修辞学、语义学与观念史学的研究

对现代文学版本进行语言学、修辞学、语义学和观念史学的研究，其突出的其实都是文学版本演变中的语言问题，但是从更专一的学科角度阐发了版本史料的价值。随着现代汉语规范化，众多现代文学作品的修改本普遍存在着语言规范化的修改。这类修改或有反历史之嫌，如把旧时代的地名、称谓等换成新时代的，或让旧时代的人物讲新时代的话语；或丧失作品语言原有的地方特色；又如让人物改讲标准的普通话。但正是这些修改使作品有了新旧不同的版本，这不同的版本又恰好保存了不同时代的语言，或显示了方言的普通话化过程，所以它们成了现代汉语规范化研究的绝好材料。同时，作品版本演变中的有些修改又只是语言润色或修辞问题。这样，作品的不同版本又为比较修辞学提供了丰富的例证。

目前，一些语言学、修辞学著作、论文常在现代文学名著的不同版本的异文中取例做纵向比较，如郑颐寿的《比较修辞》等。这些异文为语言学、修辞学等学科研究提供了语料，反过来也凸显了版本演变的史料价值。另外，现代文学文献的版本变迁也为观念史学的研究提供了语料和史料，观念史学研究观念史的要素，即那些基本的、一贯的和复现的单位观念，包括对一个时期或一个运动所奉为神圣的字眼、短语的研究。一些重要观念或范畴，如20世纪的"民主""阶级""意识形态"等都是观念史学的研究对象。在版本演变中对这些观念或关键词语进行研究，具有观念史和思想史的意义，也是对现代文学版本史料价值的充分阐发。

（五）文本阐释学的研究

文本阐释学的研究是真正能彰显文学版本特性和文学史料价值的一种研究角度，这种研究的通常做法是在版本研究中去寻找原文本与其变本的释义差异，去阐释异文对作品语义系统和艺术系统的改变，这种研究可以关注变本对爱情、历史等重要内容的修改。这些内容的系统性修改对文本释义和文本本性的改变是最显见的。也可以去关注一些细小的修改，它们也往往会微调乃至改变作品的语义系统和艺术系统。一些字、词、句的修改对诗

歌、散文而言无疑会导致很大的释义差异。在叙事文本中，它们也会牵一发而动全身，对情节、结构、人物、文风、题旨乃至文本本性产生影响。

版本变迁会产生异文进而带来文本释义差异，这可以按乾嘉朴学单向阐释方法去理解，即弄懂了字义方可知句意，弄懂了句意方可识篇旨，那么字、句的修改自然会改变篇旨。文学的阐释应该是在这不同层次上进行交互往复的循环，以期最终实现对文本的圆览、合视、通观。而当我们用这种阐释的循环理论去看作品的版本变迁、修改或异文的时候，就会发现：一部作品的新版本的个别部分被修改了，经过阐释的循环，它就可能成为一个变本或一个新的文本了。"阐释的循环"能从理论上很好地说明文本细部的修改和变异所带来的"蝴蝶效应"，能更科学地确认现代文学作品的版本、文本与变本之间的复杂关系。所以，版本史料的发现会促进文学阐释学的发展，反过来，阐释学也最大限度地阐发了版本史料的价值。

现代文学的版本研究有多种角度，首先，这些角度是一种学科的角度。现代文学版本变迁所具有的丰富蕴涵，使它成为许多学科共享的资源，可以为这些不同的学科提供研究材料。从其中任何一种学科角度去取舍和屏蔽都无可厚非，都能言之成理。换言之，每一种学科角度的研究都是自足的。其次，这些角度也是一种方法论意义上的角度，换言之，它们是现代文学版本研究的不同方法、不同维度、不同层面。从学科的角度去研究，每一学科的目的是不一样的；而把它们作为不同的研究方法去看，则目的是一致的，都服务于现代文学版本的整体研究。学科角度的研究是单一性的研究，它从现代文学版本中可能有独到的发现，但得到的可能只是部分；把不同学科的研究方法整合起来，这是一种综合性研究或科际整合研究，得到的可能是大于部分之和的整体。

总而言之，现代文学作品的版本既然是一种文本版本，就不应局限于一般的文献版本研究范畴，而应该采用一种科际整合的研究方法。这种研究应该是版本研究与文本（含变本）研究的整合，是朴学方法与现代文论方法的整合，是实证性研究与阐释性研究的整合，可以称为版本批评，它超越了传统的版本研究，紧扣文学作品的版本特性，为单纯的版本史料批判注入了更多的问题意识，在科际整合研究中实现了版本研究的推陈出新。

五、版本研究的著述形态

版本研究最终要落实为一种著述形态，传统的版本研究常常无独立的文字表现形态，要么与校勘的一些著述形态混为一体，或借身于目录研究的著述成果。校勘的任务是将有错误的图书版本变成好的图书版本，那个好的本子也就是它的成果表现形态之一，同时校勘的成果也可体现为汇校本形态或写成校读记。目录研究的成果形态可以是目录编制或写成题跋识语。传统的版本研究成果常常依附于这些文字形态。现代文学版本研究的著述形态既有与传统的版本研究类似的成果形态，又有新的成果形态，主要包括以下类型。

（一）与校勘合二为一的著述

一部作品的精校本既是校勘成果也是版本研究成果，如丁景唐整理、校勘的《孩儿塔》、章海宁校勘的《呼兰河传》等。汇校本也既是校勘工作成绩的固化，也是版本研究的结果。以桑逢康的《〈女神〉汇校本》为代表的一批现代文学名著汇校本当然就是版本研究的著述形态之一。一些校读记也可归入，它们具有汇校的性质，但它们不同于汇校本之处是不依托某一底本全文，它们当然可以归入校勘著述类型，但由于它们更突出的是原文本与变本的差异，更应归入版本研究的著述形态。如孙用的《〈鲁迅全集〉校读记》以1981年版《鲁迅全集》为底本，但只选取与文章手稿本、初刊本、初版本及其他版本有异文的片段，进行汇异性校勘。当然其中也有少数是校正原刊或其他版本的讹误，但这不是校勘的主要目的，即校勘者不是以复原性校勘为目的。目的主要是展现不同版本或文本之间的文字变异，最终凸显的还是版本研究。

（二）依附其他学科研究而存在的著述

有的依附修辞学研究，如郑颐寿的著作《比较修辞》从一些作品不同版（文）本的异文入手进行修辞选例研究。有的从创作学角度切入，着重讨论作品版本变迁中作家的修改艺术，如龚明德的《〈太阳照在桑干河上〉修改笺评》一书选该小说1949年版、1951年版、1953年版、1979年版同一句（段）有异文的文字，并置比较，并做出笺评，解释作家修改的用意，证明该作在版本演进和文本变异中越改越好。朱泳燚的《叶圣陶的语言修改艺术》一书亦如此。有的从手稿学或文本发生学角度展开研究，如龚明德的论文《〈太阳照在桑干河上〉手稿报告》通过对其手稿的描述、统计，呈现了这部名著的原文本状态，如手稿中，黑妮是钱文贵的女儿。朱正的《鲁迅手稿管窥》一书后来更名为《跟鲁迅学改文章》，对鲁迅的原稿和誊清稿进行了考证和区分，然后选用鲁迅部分著作的原稿和改定稿（实际是指《鲁迅全集》中的定本），并置两种文本的印刷体文字又附手稿原稿影印件，通过对校、比较，逐条写出说明性文字。着重说明的还是鲁迅修改文章的艺术。虽不能算真正意义上的文本发生学研究，但仍涉及了手稿这种原文本。

更有把多种学科研究方法加以综合运用的著述，如陈永志的《〈女神〉校释》。该书依附于《女神》原诗，融校、注、考、释为一体。该书以《女神》初版本为底本，对校、参校其他版本，进行汇异性校勘，汇聚众多实质性异文和非实质性异文，是比桑逢康的《〈女神〉汇校本》更完整、更精准的汇校本。在此基础上以每首诗尾注形式做详细注释。下编更有校勘记和考证文章。最终落脚于对文本客观存在的本义的理解。更准确说是从其原文本和各种变本中呈现诗歌本义及其艺术形式的流变。读书多法并用，有时接近版本批评，但是个别的认知值得商榷，如认为就修改的总体而论，成功是主要的，疏忽为数甚少，《女神》的艺术面貌经诗人的不断修饰是愈加神采动人。这样的认知反而缩减了这本"校释"的视野和学术价值。

（三）以书话形式出现的著述

传统的版本研究中有一种著述形态叫题跋识语，题跋识语即题记、跋文、藏书记一类的文字。古代的藏书家往往喜欢在所藏之书上写这一类文字。记一些买书经历、文坛掌故、读后感想、书籍评论、版本源流之类的内容。题跋可以分为学术性的与文学性的两大类。文学性的题跋可当小品文字来读，学术性的题跋中的有些文字则是版本学的研究资料。从题跋之类的文字进一步发展就形成了所谓现代的"书话"散文。1937年，阿英写《鲁迅书话》，评鲁迅书三种。唐弢从1945年开始以"书话"评论大量现代文学书籍，至1962年结集为《书话》出版，至1980年结集为《晦庵书话》出版。其后姜德明写了《书叶集》《书边草》《余时书话》等，吴泰昌有《艺文轶话》，胡从经有《拓园草》，陈子善有《捞针集》等，龚明德有《新文学散札》等，倪墨炎有《鲁迅与书》等。书话写作已成风气，成为现代散文的新品种。其实，古代就有以文学艺术为内容的诗话、词话、曲话等，还有以文献书籍为内容的题记、跋文、藏书记等。到20世纪，才终于有了以"书"命名的"书话"。书话的特点是以书为中心，联系着人生万事。书是有命运的，书的聚散离合亦有人事的参与。书的生产与传播其实亦可折射大千世界。有些学术性较强的涉及版本问题的书话就是关于版本研究的札记，我们可以把这类书话看作现代文学版本研究的一种著作形态。

（四）版本批评

现代文学版本研究的成果可以用目录、汇校本、校读记、书话等文字表现形态，但现代文学版本的复杂蕴涵却不是这些文字表现形态所能包容和呈现的，它完全可以写成长篇学术论文和专著的形式，完全可以由此形成一种称为"版本批评"的形式。金宏宇的《中国现代长篇小说名著版本校评》最早开始了这种著作形态的尝试，该书明确提出了"版本批评"的概念，认为版本批评既要注意版本研究的一般规律，又要直指文学版本的特性。简言之，是要将版本研究与文本批评整合起来。提出了一部作品不同的版本（指重要版本）即不同的文本的理论观点。该书是学界第一部系统研究中国现代长篇小说版本的专著，对《倪焕之》《家》《子夜》《骆驼祥子》《围城》《太阳照在桑干河上》《青春之歌》《创业史》八部长篇小说名著的重要版（文）本进行了对校，对导致版（文）本变异的各种原因进行了探究，还对异文所带来的释义差异及文本语义系统和艺术系统的蜕变等进行较深入的论析。

金宏宇的另一部专著《新文学的版本批评》对《蚀》《八月的乡村》《无望村的馆主》等小说名著和《雷雨》《屈原》《天国春秋》《风雪夜归人》等戏剧名作及《在延安文艺座谈会上的讲话》这篇理论经典的不同版（文）本进行了细致校评。更对版本批评做了进一步的理论建构。如对版本本性、版本谱系模式、版本研究方法等进行了理论总结和概括，尤其是提出了现代文学研究中版本三原则即文学批评的版（文）本精确所指原则、文学史写作的叙众本原则、文学经典化的新善本原则。这两本专著在版本批评的实践中校读了一大批具体作品的版（文）本，但侧重长篇叙事性作品，对散文和诗歌的版（文）本关注不够。在理论上还有值得进一步深化的理论空间。此后，其他学者的一些现代文学版本批评论文陆续发表，都丰富了版本批评这一著述类型。

我们可以更系统地概括版本批评特点：在著述形态上，它整合了编制目录、校读记、版本书话等文字表现形态，并进一步发展成为学术性的论文和专著形态。在研究方法上，版本批评基于与版本学紧密相关的文献学诸学科的技术，借助了语言学、修辞学、观念史学、传播学等其他学科的理论，更运用了文本发生学、创作学、阐释学等文学研究的方法，是一种科际整合研究。在观念上，版本批评突破了古书版本学的善本观念，超越了创作学、修辞学片面推崇的版（文）本进化论的观念，而强调一种动态的历史的复杂的文本蜕变观念和版（文）本谱系观念。因此，版本批评是一种真正意义上的批判性的版本研究方式，这种著述类型也更能凸显现代文学版本研究的多重价值。

第三节　现代文学的审美性研究

文学是主体审美意识的语符化显现，属于审美意识形态，在社会生活中具有特殊的价值。人们对文学的认识和理解，经历了一个从实用到审美的漫长过程。审美是文学最基本、常规的特性，它包括审美认识、审美教育和审美娱乐以及其他诸多元素。从整体上来看，文学的审美性构成了一个多元系统，在"主体—客体"和"个人—社会"系统的交织组合中呈现出多样性和多层次性，是一个立体的结构。我们应该正确地认识它的复杂多样性，以便更好地发挥文学的功能，满足广大人民群众的审美需求，为人民服务。社会生活从各方面给文学以影响，但文学活动同样也影响着社会生活。人类从事文学活动，也是因为文学具有特殊的功能。

人类的文学观念也是在生产实践和审美创造实践中逐步形成的，它经历了从实用功利到审美的历程。人类很早就认识到文学的实用功能。实用功利的文学观的积极意义在于：第一，强调了文学与社会的紧密联系，强调了文学对人类的有益和有用性，正是社会功利的需求促使包括文学在内的所有艺术得到正常发展；第二，它将文学植于人类的丰富的生活土壤中，肯定了文学与生活的天然联系。文学来源于生活，生活的丰富多彩需要文学去表现，美与丑、善与恶，让文学去透视，给人以启迪，避免了"为文学而文学"的艺术至上论。但这种观点的消极影响也是明显的，单纯以功利、实用的观点要求文学，让文学承担不应承担的社会重负，影响了文学的健康发展。随着人类自身能力的增强和生产力水平的不断提高，人类的审美意识和审美能力也发展起来，精神审美开始占据艺术活动的主要位置，人们对文学的认识也进一步深化，审美的文学观念应运而生，它与实用的文学观念互为补充、相互竞争、共同发展。审美的文学观在现代西方美学和文论中更是取得了主导的地位，其理论流派形成了前所未有的壮观局面。

对文学的这种从实用功利性到超功利的审美性的认识，是一个历史必然的过程。本来，超功利的审美性是在实用功利的基础上产生的。人类最初是以实用的观点看待包括文学在内的所有事物，然后才逐渐分化出审美的观念。在生产实践中，美的观念得到进一步强化。审美的形式日益发展并逐渐远离具体的生产劳动过程，形成一系列相对独立的艺术形式。但是，审美价值一经产生，就与实用功效逐渐分离。文学的审美性是以超实用功利为基本特征，这也是文学得以独立发展的原因之一。文学作用于人的精神领域，满足人的精神需求。这种审美性集中体现在作家的创作过程和读者的阅读过程中，读者阅读接受也要在精神上呈现出相对自由的状态，使这种审美状态达到极致。所以读者欣赏文学作品，获得的只能是精神上的审美愉悦。审美是文学的基本特性，离开了它，文学就不能算为文学，文学的其他功能也无法真正得到实现。

一、现代文学审美的主客体

在现代文学审美中，审美主客体是最常见的概念，审美活动是发生在主客体之间的，审美的发生标志着审美主客体关系的确立，文学审美离不开审美主客体。

（一）现代文学审美的主体

"审美主体并不是一个固定的存在，它与审美客体共同存在于审美活动中。所谓的审美主体，就是在审美活动中处于主导地位，并与审美客体发生关系的人，具有一定的审美能力。审美主体是审美活动的发出者，也是审美活动的承担者。"[1] 审美主体始终处于主导地位，审美主体必须具有审美能力，审美能力是审美主体内在结构的决定因素。一个没有审美能力的主体既不能对审美客体做出特殊的反应，也不能创造出具有审美欣赏功能的审美形象，因此，不能称之为审美主体。审美能力包含许多种，如审美想象力、审美理解力、审美感受力、审美情感等，这些都是审美主体需要具备的能力。

---

① 周国霞：《多维视角下现代文学与审美研究》，北京工业大学出版社，2019，第 111 页。

1. 审美主体的特征

（1）自由自觉的主体。人是一个类存在物，通俗来讲就是人是被自己塑造、自己认可的类，而其他事物则是被人所规定的从属某一类型的物。人的自我认可和他人认可使人以一种社会联合的方式改造世界，把世界变成人这一类的所属物。由于人的类特性，决定了人的本质特征是自由的。但作为主体的人，自由经常受到限制，这是由于在实践过程中，人的认识活动经常把事物作为功利性的对象来看待，一旦有了目的性，必然会失去一些自由。但是在审美活动中，人将精神感觉全部用作"占用"对象，因此，作为审美主体的人是有着更大自由的。

此外，审美主体除了是自由的主体外，还是自觉的主体，这里的自觉主要是指主体的能动作用。世间万物之所以有美丑、胖瘦之分，就是由审美主体在审美活动中发挥着能动作用造成的。美是无处不在的，之所以我们没有发现它，是因为我们缺少发现美的眼睛。世间万物充满了美的因素和美的规律，唯有通过审美主体的能动选择和确认，才可以达到最后的审美关系。

（2）情感活动的主体。在审美活动中，审美主体进行的既不是逻辑判断也不是求知认识，而是一种审美判断，简单而言就是主观感知。这种感知得到的是主观上的快感，因此，审美活动是以情感为主线的活动，如果失去了情感，那么审美活动也就失去了它本身的特质。需要特别注意的是，这里所提到的审美主体的情感是一种自由的审美情感，是一种基于对审美对象自由观照的审美情感。

（3）感性观照的主体。审美活动作为人的一种高级精神活动，与认知活动不同，它具有明显的感性色彩。即使审美主体的活动同认知、判断、推理等存在着一定的内在联系，但这种联系是潜在的，而"审美意象"则始终占据着审美主体心理意识活动的主要地位。

从审美对象的角度而言，审美对象是集感性与意义于一体的统一体。审美活动发生需要审美主体和审美对象的共同作用。而审美主体要想成功地进行审美活动，就必须接收到审美对象所发出的审美信息，这就是审美主体的感性能力在发挥作用，即感性观照。感性观照拥有巨大的能力，它可以透过事物表象看到事物的本质，因此，审美主体是一种超感性的存在。

2. 创作主体的审美把握

现实的审美价值不会自动性地转化为文学作品，它需要创作主体也就是作家将现实生活转化为文学作品。既然客观现实的价值是由主、客体相互作用形成的，那么现实的审美价值也只有在作为创作主体的作家对现实的积极评价中才能发现。因此，没有作家对现实生活的把握，文学创作活动也就不能发生。作家不仅要作为一般的认识主体逻辑地认识生活，还要作为审美主体诗意地把握生活。作家对生活的掌握方式，应该归入这一类掌握方式中。根据能动的反映论的原则，主体对生活的反映是能动的反映。

审美主体对生活诗意的把握过程就是对生活的认识过程，需要调动主体的感觉、知觉、诗意、记忆、表象、想象、理解等心理机能。因此，就这一点来看，审美主体和认识主体的心理过程是有共同之处的。但是，审美主体对生活的诗意把握过程，又不仅仅是认识过程，它与认识主体的心理过程又有相异之处。与认识主体的认识过程不同，审美主体在把握生活的一系列心理过程中，始终存在着情感的积极介入。对于一般认识主体而言，其所感知、思考的事物，在情绪上是趋于平静，甚至是无所谓的，并不是现实中每一种对象都能引起他对它的情感态度。但对于审美主体而言，他的对象不是事物的纯生物的、物理的自然属性，而是主客体交流中形成的现实的审美价值属性，这就不能不引起主体的情感态度。因此，我们认识到了审美主体的能动性和一般认识主体的能动性的基本区别就是情感是否介入其他心理过程。

作家作为创造艺术美的主体也需要特殊才能，当我们仅从认识论的观点去考察，只能得出这样的结论。但从审美的观点考察，这个问题是完全可以提出来的。创作作为一种最高形式的审美活动，是需要特殊才能的，即创作主题活跃的美学情感。情感活跃的人不一定是作家，但作家必定是情感特别活跃的人，因为作家特殊才能的基本标志就是情感是否经常处于活跃的状态。强调创作须有情感，这并不是文学创作是"使情成体"，作品不仅是作家主观情感的表现，而且文学创作是一个创造美的过程，如果作家的情感活跃程度不够，作家就不能从现实中发现美、把握美，甚至创造美。

现代文学创作活动是创作主体的多种心理机能协调运动的过程，其中主要是感知、表象、想象、情感和理解五种心理机能综合的和谐的运动过程。而创作主体的感知、表象、想象、理解等心理过程无一不倾注了情感因素，于是出现了情感与感知、表象的融合，情感与想象的融合，情感与理解的融合。创作主体正是在这"三融合"中发现并把握了生活的美，进而创造了艺术的美。情感在创作过程中不但是一种推动力、组合力，而且是一种发现力和创造力，发现生活的美和创造艺术的美的力量。下面就"三融合"如何发现美、创造美的问题进行探讨。

（1）关于情感与感知、表象的融合。感知和表象是文学创作主体不可缺少的心理过程。作家通过感觉和知觉而获得对客体的印象，通过表象重新在脑海里唤起被感知过的印象。但是，一般的印象，例如，书桌是长方形的、木制的之类的问题，虽是作家必须知道的，但不是作家特别需要的。作家特别需要的是通过感知、表象获得诗意的印象，即以诗的方式获得现实的印象。那么，如何通过感知、表象获得现实的诗意的印象，就需要作家美学情感的积极介入。心理学认为，人的知觉、表象具有一种选择性，可以把对象的各种属性区分开来，即对象的某种属性得到了强调，但其余的属性就被完全或部分地淡化。当然，这种选择性与客体本身的特点比如强度、动性、对比等也有一定的关系，但与主体在感知、表象客体时加入情感态度的关系最为密切。美学情感介入感知和表象，并使它们融合在一起，这是作为审美主体的作家把握生活的一个特征。

（2）关于情感与想象的融合。文学创作不能离开想象。真正的创造就是艺术想象活动。但是，想象并非作家所专有。科学家在进行科学研究时也需要通过一定的想象帮助自己实现目标。艺术创作主体的艺术想象的独特之处，主要是情感的积极介入。情感对艺术想象的介入包含两层意思：第一层意思是情感的介入，给艺术想象以推动力，使艺术想象装上了翅膀，能够虚构出艺术形象来；第二层意思也是最为重要的，即情感的介入是情感移入艺术想象中的对象，出现了想象和情感的高度融合，从而创造了美。

文学创作中的艺术想象活动，实际上是一种模拟性的实践活动，就如同现实生活中真正的实践活动一般，它需要作家把自己的情感完全地移入所写的对象中，使自己的感受、情感与对象的感受、情感达到同步的状态，甚至与所写的对象仿佛融为一体。作家的艺术想象只有达到极致，才能使艺术想象活动沿着生活的必然逻辑的轨道发展，艺术美才能在这情感与想象的高度融合中被孕育和创造出来。创作主体的情感沉入所写的对象，实现情感与想象的高度融合，的确是创造艺术美的一个必要条件。

一个作家很难在创作的中途检验自己的作品是否达到真善美的境界，但可以通过一个间接检查的方法，即在艺术想象过程中，看自己的情感是否移入对象或者说自己的情感与所写对象的情感是否达到了同步的状态。当然，我们在强调主体情感对艺术想象的引导作用时，也不应忘记理智因素对艺术想象的制约作用。如果创作主体在艺术想象活动中，只有情感的引导，没有理智的制约，那么形象就会失去分寸，甚至引起创作的中断。

（3）在情感与理解的融合问题中，理解也是创作主体不可缺少的心理因素。因为合规律性是艺术美的一个重要品质，而理解这种心理机能在作家的思维活动中，就主要担负了揭示所写对象的本质和规律的任务。作家审美的理解与科学家一般的理解是有明显区别的，科学家的理解一般是阐明事物某种逻辑依据，揭示事物的本质和规律，在理解的过程和结论中一般都没有情感的灌注，而作家的审美的理解则始终有情感的介入，不但在理解的过程中有情感的参与，在理解的结果中也有情感的融入。作家在创作过程中对其笔下生活的理解与他的作品的思想是直接相连的，甚至可以说他的作品的思想就是他创作过程审美理解的物态化。正是由于作家的理解过程有情感的参与，理解的结果有情感的融入，所以文学作品的思想，带有理性的品格，又被情感所浸润，是思想与情感的合一，或者是蕴含了情感的思想。

单纯的思想是易于用言辞来表达的，可当思想与情感艺术地合一时，就难以言传了。人们可以用各种方法去阐述它，说明一个大概，但不可能将其因情感的融入而形成的多义性、丰富性完全地解释清楚。优秀作品思想内涵的这种多义性、丰富性不但不削弱作品的美，反而塑造了作品的含蓄美、韵味美、意境美。而这，正是创作主体的情感与理解相融合的心理过程物态化的结果。

综上所述，创作主体的审美把握就是创作主体的感知、表象、想象、理解和情感的自由融合的心理过程。对于美的创造而言，感知、表象是出发点，想象是基本途径，理解是透视力，而情感作为一种自由的元素与各种心理功能的融合，是美的发现力。因此，情感的介入与否和介入的程度，是创作主体审美把握的关键。从一定意义上看，创作主体的审美把握就是情感把握。既然文学所反映的对象、内容是现实的审美价值属性，作家把握现实的方式又是审美的方式，文学就是对现实生活审美价值属性的审美把握的结果，那么其特质就不能不是审美。文学作为一种意识形态包括了巨大的认识因素，但构成文学之所以为文学的充分而必要的条件，则不是认识而是审美。文学作品中的认识因素是重要的，但它只有融入审美因素，化为审美因素，才有存在的权利。文学区别于非文学的关键，就是它的审美特质。

（二）现代文学审美的客体

审美客体，又可称为审美对象，是在审美活动中处于基础地位，并与审美主体发生关系的对象。审美客体可以是生活中各种具有审美属性的事物，有自然属性的，如山水、花鸟、鱼虫；也有社会属性的，如人物、建筑、商品等。在艺术文学领域中，文学艺术作品就是典型的审美客体。审美客体不等于物质世界中存在的所有客观的东西，只有与审美主体发生现实联系的，才能被称为审美客体。

1. 审美客体的特性

（1）形象性。审美活动作为一种创造审美价值的实践性活动，其审美客体必须是具有直观性和具体性的客观感性存在物，需要让审美主体直接感受到，因此，审美客体是具有形象性的对象。即使这个对象再完美、再客观，只要它是抽象的，例如，思想、概念、真理等，也不能成为审美客体。

（2）形式的完整性。格式塔心理学认为，人在感受事物时，会自觉地对事物进行组织和建构，通过一些"形式美"的原则，对事物进行对称性、平衡性、秩序性等一些系列的表象分析，进而构成一个完整的客体形象。前面我们提到，审美主体具有自觉性，也就是能动性，这使得审美主体在审美活动发生时会优先选择形式完美的对象作为审美客体，从侧面证明了审美客体具有形式的完整性。

（3）感染性。审美客体是形式和内容的统一体，它之所以能被审美主体选为审美客体，除了具有形象性、形式的完整性，还因其具有一定的感染性。这种感染性来源于客体本身所承载的价值和意义。仅仅拥有形象而无感染力的对象是不能成为审美客体的，它缺乏了人的生活和情趣，不能引起人的共鸣。

2. 创作客体的审美属性

文学和社会科学虽然都同样地面对着客观的社会生活，但它们从客观社会生活中撷取的东西是不同的。要想弄清楚文学从客观现实中撷取了哪些属性的东西，需要先从"价值"观念来解读。我们在研究文学的本质问题时，只有把哲学认识论的观点和价值论的观点结合起来，才可能比较科学地抓住问题的实质。价值是客观事物所具有的一种属性，这种属性因对人们具有意义而被认为有价值。正是因为价值是由主体和客体相互作用而形成的，所以运用价值这个概念在包含着客体与主体相互作用的审美关系中具有非常重要的作用。

对于客观现实事物而言，除了具有生物的或物理的自然属性外，还包含一个在人类社会历史实践中形成的价值系统，其中包括实用价值、认识价值、道德价值、政治价值、审美价值等，这些不同形式的价值是在长期的社会历史过程中由不同性质、不同形式的主、客体关系形成的。艺术（包括文学）面对着客观事物的自然属性和价值系统，它的对象必须而且只能是客体的审美价值。换言之，文学艺术的对象必须而且只能是社会生活中具有诗意的属性。

审美价值与其他价值是矛盾的统一，一方面，审美价值不同于其他价值；另一方面，审美价值又和其他价值互相渗透。现实的审美价值和现实的其他价值并不是相互隔绝的，它们之间不存在鸿沟。现实的审美价值具有一种溶解和综合的特性，可以把认识价值、道德价值、政治价值等都溶解于其中，并综合于其中。因此，文学艺术撷取现实的审美因素，不但不排斥非审美因素，相反，总是把非审美因素的认识因素、道德因素，甚至自然属性交融到审美因素中去。

在审美价值与认识、道德、政治等价值的关系问题上，一方面，我们反对唯美主义，因为唯美主义仅仅把文学作品的美丽形式看成审美因素，排斥文学对社会的认识、道德等因素的反映，把艺术和生活割裂开来，对立起来，为美而美；另一方面，我们也不同意单一的认识论观点，因为这种观点孤立地强调文学作品的认识、道德等因素，或者是把作品的审美因素看成是次要的东西，或者是把审美因素夹杂在认识、道德、政治等因素中，这就不能不助长创作的公式化、概念化、图解化的倾向。

文学艺术的对象和内容只能是交融了认识、道德等价值的现实的审美价值。一个作家、艺术家，如果没有在现实中找到诗意的东西或可以加工成诗意的东西，那他就没有找到可反映的对象。人们常言，某人某事具有艺术条件，意思是某人某事具有不同寻常的审美价值，因此可以成为文学艺术的对象，文学的特质先根源于现实的审美价值中。文学既然是现实的审美价值的凝聚化和物态化，那么它的特质就是审美，文学区别于非文学的关键之一就在这里。

题材是文学作品写什么的问题，按照"认识本质论"的观点，最佳的题材自然是包含了深广的认识、教育、政治意义的题材，因为选择这种题材最能体现文学是认识的观点。从审美的观点看，一个材料能不能成为作品的题材，起决定作用的是作家有没有在这个材料里发现比较浓郁的诗意。如果作家没有从这个材料里发现浓郁的诗意因素，那么这个材料再重大，也不具备艺术条件，也不能成为作品的题材，如果硬要去写，结果只能成为历史大事记式的作品，丝毫不能打动人，最多只能给读者提供点很不精确的历史或现实的知识而已。如果作家面对的是个小材料，却在这里发现了新鲜的诗意，那么根据这个题材写成的作品也许就是一篇传世之作了。另外，从审美的观点看，把题材分成大题材小题材，并没有多少意义，把题材分成富有诗意因素的题材和不具有诗意因素的题材，才是有意义的。

对于一些重大题材而言，审美因素应是作家决定创作的关键点，如果题材并不含有审美因素，或者作者没有发现题材中的审美因素，这样的创作是失败的。但如果某个重大题材本身就含有浓郁的诗意，而作家又恰巧发现了它，那无疑是个理想的题材，作家自然要全力把握住。因为在反映时代风貌这一点上，这种题材有着比较突出的优势，要特别予以重视。

文学是美的领域，它要凝聚生活中富有诗意的东西，让人心旷神怡，它要求真实性，要求揭示生活的本质，但它所揭示的生活本质，不是客观事物的生物的或物理的自然性本质，也不是事物的单纯哲学、政治、道德意义上的本质，而是审美意义上的本质，即诗意的本质。

我们理解文学的真实性，并不是要把客观现实的物理学的真实、政治学的真实、社会学的真实、伦理学的真实跟诗意的真实对立起来或隔绝开来。物理学的、政治学的、社会学的、伦理学的真实跟诗意的真实，既有联系又有区别，看不到它们之间的联系，会把诗意的真实孤立起来，就可能引导作家在生活的实体之外去找诗意的真实；但看不到它们之间的区别，把诗意的真实和其他真实等同起来，就不能不导致作家不重视生活真实的审美特性，而把单纯的社会学的、政治学的、伦理学的真实当作文学的真实。作家所写的真实，不能也不应回避政治学的、社会学的、伦理学的真实，但这些真实必须交融到诗意的真实中。交融了社会历史内容的诗意的真实，才是作家追求的真实。因此，对于作家而言，应尽一切力量去发现生活中的真、善、美的交切点，因为只有在真、善、美的交切点上，才能找到诗意的真实。

二、现代文学的审美功能

作家的创作活动其实是一种创造性的审美实践活动，在社会中不乏优秀的人与事例，很多作家会以这些人与事例为原型，关注他们的发展趋势，以先进的社会理想与审美理想为指导，塑造出丰富多彩的艺术形象。当具有一定的鉴赏能力的读者在阅读优秀作品时，接触这些鲜活的形象，就会被自然而然地吸引，会在情感上产生共鸣，在思想上得到熏陶，这也是文学审美功能的具体体现。

艺术形象本身具有审美属性，艺术形象中蕴含美、丑、崇高、幽默等审美特性，以及悲剧、喜剧等审美形态，这是文学的审美功能得以产生的客观基础。作者在写作的过程中会按照美的规律来进行写作，审美主体对人生需要进行感受，并对此做出审美价值的判断。通过在优秀的文学作品中感受自然美与社会美，并将这种美感加以提炼、综合，凝聚在主体的审美理想之中。作者根据这样的美感所创设出来的艺术形象，使文学作品更具审美性。读者通过阅读文学作品，可以借助文学作品中的相关人物，将作品中的艺术形象与自己的联想结合在一起，通过自己原有的艺术修养，在自己的脑海中进行再次创造，通过作品体验人生。读者通过作者的描述，可以深入作品之中，了解作品中人物的内心世界，跟随作者的笔触深入文中人物的内心世界，以起到陶冶情操的作用。

文学是主体审美意识的语符化显现，通过塑造艺术形象对现实生活进行艺术概括，以展示艺术形象的真理；同时它又蕴含和寄寓着作家鲜明的道德评价和审美评价，具有巨大的思想教育力量和美的感染力。所以文学必然要将客观生活的真、道德的善和艺术的美三者有机地统一起来，换言之，文学艺术的美就是通过艺术形象体系所表现出来的真和善，它们是不可分割的整体。我们说文学具有审美功能，是将其作为一个整体来看待的。文学以其整体的审美功能对社会产生影响。文学艺术不仅要揭示出社会历史的客观必然性，而且要揭示这种必然性与人本身、人的自身发展和内在丰富性的关系。优秀的文学作品可以为读者展示某一阶段的历史画面，可以向读者展示当时社会的真实情况，从一定的意义上来讲，可以帮助社会大众在享受美的同时，获取更多的知识。文学中审美功能可以表现在以下方面。

（一）对社会生活进行侧面反映

现代文学作品中形象多种多样，可以从侧面反映出社会生活的整体画面，其不仅具有审美的多样性，还具有其他的科学所不具备的特点，具体表现在以下方面。首先，对不同社会、不同时期的历史与现实的认识上。作家通过典型形象的创造深刻地再现社会现实的各种场景，表现特定历史时期的经济、文化等状况，使读者在获得审美享受的同时，了解和认识社会生活的丰富复杂，时代风云的诡谲多变，以及历史发展的必然趋势，获得有关历史与人生的知识。优秀的文学作品无一不是现实社会生活的真实反映，无一不是作家所认识的人情世态的生动记载。其次，对不同地域、民族的风俗民情以及传统的认识和对不同个性、品质的体认。不仅如此，文学还深入人的内心世界，引导读者探索奥秘，使读者从作品中的人物关系、人生历程和性格气质等方面去认识人生乃至正视自身。各种性格的人物，呈现出不同的品质，让人在审美中思考，对照自己，升华自我。

（二）用感性形式认识整个世界

文学的审美认识与哲学社会科学的一般认识是不同的，哲学社会科学通过抽象的逻辑思维认识客观事物的性质、特点和发展规律，它作用于人的理智，满足人的抽象思维的需要，其特点是概括、抽象、理性，要求对事物的认识是科学的真实。而文学则通过形象的感性形式认识世界，它作用于人的情感，满足人的形象思维的需要，其特点是具体、形象、感性，要求对事物的表现是艺术的真实。尤其重要的是，文学是对人生的审美掌握，它着重反映的是人的生活、思想、感情、命运及其与环境的关系等。尽管文学作品中有对自然、社会等方面的知识的描写，但传播"知识"绝非文学的主要任务，况且这些"知识"不一定是科学的。文学给人们提供了认识别人和自己的"参照系"，让人在欣赏作品时，既感受作家的心灵历程，也正视自身，通过对艺术形象的审美感受，体验、领悟生活的真谛，思索社会与人生。

（三）陶冶文学作品读者的情操

文学作品能够通过生动感人的艺术形象、意境体系以及蕴含其中的作家的感受、理解和评价，对读者的思想情操、道德品质、人格修养等产生深刻的影响，这就是文学的审美教育特性。一方面，优秀的文学作品可以真实地富有典型性地表现生活中的种种矛盾、本质和发展变化，通过真善美与假恶丑的对照，引导人求善向上，使人在形象的感悟中做出审美判断，心灵得到净化，思想得到升华。另一方面，优秀的作家同时也是伟大的思想家，他把对社会、人生的思考，对生活的分析评判熔铸在形象中，使作品饱含着沉甸甸的思想容量，增强了对读者的思想教育功能。

文学的审美教育特性具有多方面的表现。首先，激励人们树立正确的人生观和世界观。让读者在阅读欣赏中区分真善美和假恶丑，激励人们为创造美好的生活而奋斗。其次，对人的灵魂的净化。读者通过对文学作品的阅读，在获得审美快感的同时，受到一定的历史和人生的教育，帮助人们认识和改造生活，达到净化灵魂的目的。文学的审美教育特性与其他意识形态相比较，有其鲜明的特点：一是寓教于乐。"乐"是"教"的前提，文学最终要借助于形象的感染和情感的融化，使读者在阅读的愉悦中受到教益。二是潜移默化。文学给人的教益不是立竿见影的，而是通过形象体系细润慢浸、潜移默化地作用于读者的心灵。读者只有在认同形象体系的过程中，逐步地领悟作品的意蕴，接受其思想，才能将其转化为自己内心的信念和自觉的行动。

文学作品通过生动的形象、优美的意境、健康的趣味，使人精神上得到审美愉悦、生理上得到休息快适的功能，就是审美娱乐性。文学是通过艺术形象体系具体生动地反映生活里的各种属于美的范畴的人和事，人们欣赏文艺作品，并不是有意识地去寻求知识、接受教育，而是出于娱乐和休息的需要。当人们接触到作品里反映的人和事时，能在一种暂时"超越"的自由境界里想象，在艺术的情景中流连忘返，从而获得精神上的愉悦和情感的满足。

文学之所以具有审美娱乐性，还因为优秀的文学作品是作家审美观照的结晶，它集中反映了生活的美，创造了艺术的美。那些生动有趣的情景画面、机智风趣的人物语言、引人入胜的故事情节、强烈激动的情感、健康向上的精神，是作家精心提炼创造的、能给人以强烈的感染的。真正优秀的文学作品应该是美的结晶，它能给人以美的享受、心灵的陶冶。

审美娱乐性的表现形态是多种多样的。首先，是情绪的激动。作品以情动人，欣赏作品也要动情。情绪的激动是各式各样的：喜、怒、哀、乐、爱、憎、忧、恐等，在主体的审美创造中，人的情绪可以得到充分的调动。如悲剧能使人奋发兴起，提高精神境界，产生审美愉快。真与假、善与恶、美与丑的悲剧冲突，容易引起人的强烈的伦理态度，能给予人多种审美感受。其次，是感觉的快适。文学作品通过生动的形象、优美的意境和健康的趣味，给人以自由快乐的享受和有利于身心健康的积极休息，让人感到分外快适和惬意。最后，是精神的满足。读者通过阅读文学作品，渴望的东西终于得到了，就会得到一种精神上的满足感。

文学的审美娱乐性与非文学的娱乐性有着本质的区别。一般而言，非文学的娱乐性只会给人带来浅层次的感官刺激，不具有深层次的美感。通过阅读文学作品，可以使读者获得对艺术美感的认知与体验，这样的美感具有丰富的内涵。文学的审美娱乐性会与其他的审美特征结合在一起，同时也会增添其他的审美特征美的情感色彩。人们通过阅读优秀的文学作品，不断提升自己的审美意识，逐渐完善自己的审美观念，培养艺术鉴赏能力，不断激发对美的欣赏力与创造能力。

综上所述，优秀的文学作品在内容上具有很深的思想意识，也会反映当时的社会实际情况。在艺术形式可以完整地表达情节内容、具有独特的审美价值时，作为主体审美意识的文学，会通过作者精心创作的典型的形象，彰显着作者想要表达的主流思想，优秀的文学作品无一不彰显着真善美。文学审美认识的特性，会通过作品，不断丰富读者的知识层次，帮助人们更好地认识世界，探索社会的真理。优秀的作品，可以引导他人向善，不断健全自己的品格，从品德意识上深化读者的意志。根据文学的审美娱乐特性，其不断从价值观上陶冶读者的情操，帮助读者在阅读中学会分辨美丑，形成健康的审美观念。作家通过优秀的文学作品传递出的真、善、美，能够不断启迪着人们的智慧，完善人们的个性。

三、现代文学的审美特性

（一）文学审美具有多元性

文学可以代替直接的经验与想象，甚至可以当作一种文献记录，由此可见，文学审美具有多元性。文学审美的多元意义是"主体—客体""个人—社会"两种系统关系的有机组合。文学活动是人类特殊的创造活动，即审美创造活动，它是由作家、作品、世界以及读者等要素所构成的。

首先，文学审美特性的实现是建立在读者的阅读鉴赏活动中的。文学作品只有通过阅读才能在读者的主观意识中作为审美客体而存在着，只有通过读者在阅读过程中参与作品所叙述的人和事，体验作品所传达的意念和情感，作品的内容才能转化成现实的价值、意义和审美效果，读者也只有进入阅读鉴赏过程，才能作为作品的审美主体而现实地存在着，其审美需求和欲望才能得到实现与满足。所以读者的阅读鉴赏构成了"主体—客体"系统的中介。其次，任何作家和读者都是社会的存在，其审美需要作为一种自我完善、自我实现和自我创造的本质力量，都具有社会性和历史性。作为审美对象的作品，其既有对社会生活的真实再现和摹写，又凝结了作家的审美理想和情感意志，同时具有更大的社会普遍性。这种社会制约性构成了文学审美性的"个人与社会"系统。文学在这两种系统的纵横交织中呈现出审美的多元性特点，如信息传递、心理补偿等。

文学审美具有多元性的原因包括：第一，文学的描写对象是千姿百态、变动不居的人类社会生活，而这个对象本身就是个复杂多样的系统。社会生活的复杂多样，决定了文学作品内容的复杂多样。多层次的、内容丰富的文学作品在满足社会的不同精神需求时，就产生了不同的审美效应。第二，文学表现的中心是人及其生活和命运。人是"社会关系的总和"，本身就是复杂的、多层次多侧面的。每个作家都要表现不同人物的性格和精神气质，描写不同人物丰富多样的内心世界，从而使每个人物都是独特的"这个"，并具有独特的审美价值。读者也有职业、生活环境和生活阅历、文化修养等的区别，作者对各种人物会有所偏爱，各取所需，从而使作品在不同的读者身上产生不同的审美效应。第三，作为审美意识形态的文学要与其他意识形态和上层建筑如道德、衍学等发生联系。不同的意识形态和上层建筑部门都会从自身出发，对文学提出各自的要求，影响文学的发展，从而导致各有特色、互有差异的文学功能效应，形成多层次、立体的审美功能网络。

需要注意的是，审美功能是文学各项功能的前提，站在审美反映结构的立场上，可以发现作家的创作是以感知开始的，从侧面而言，读者的接受也属于感知的还原。在整个的过程中，审美作为最重要的功能，没有审美就没有文学，或者没有审美，文学就不能称为文学，自然也就谈不上文学的其他功能。文学审美性是其他功能得以体现的重要依据。一篇优秀的文学作品，不可能具备所有的功能，只能是以一种功能或者几种功能为主，但是必须含有审美功能。审美作为现代文学最基本的特点，也是文学不能缺少的特点之一。

（二）文学审美具有系统性

文学审美性的产生在于文学自身的特点和本质，在于文学与社会的诸种联系。我们要客观、冷静而又全面地理解文学的审美性，尤其是充分发挥文学的多种审美功能去满足人民群众多方面、多层次的精神需要。因此，对文学的审美性要有正确的认识。文学作为审美意识形态，是人类特有的精神现象，其多元的审美功能只能是精神性的而不是物质性的。

无论文学的审美性如何多样，它都不能脱离精神的范畴。文学通过影响人的思想感情，塑造人的灵魂，调节人的行为作用于社会。文学中的形象虽然有具体可感的特点，但它同客观存在的感性事物却有着本质的区别：前者是观念的存在，而后者是物质的存在。如文学作品中的人物只能存在于我们的想象中，不像现实中的人具体可感。所以文学作品给人的是精神的享受而不是感官的物质刺激，它不直接作用于社会，而是通过影响人的思想，改变人的价值观念，促使人形成一定的社会理想来改造社会。艺术作品应该保留它的独立性。文学作品应满足人的审美的精神需求。审美的精神需求可以满足读者的自我实现的需求，还可以提升其人格魅力。任何的文学作品，只要脱离人民群众的审美精神追求，就很容易影响文学审美的正常发挥。文学应给人以精神享受，而不是感官刺激。

（三）文学审美功能的存限性

文学具有独特的功能，我们应该对其有充分的认识，但是文学的审美功能又是有限的，不能夸大。每一种意识形态都有自己特定的功能，文学是一种审美意识形态，其功能不能代替其他意识形态的功能。作为上层建筑的一部分，文学的审美功能不可能超越特定的物质条件，也不能凌驾于经济之上，只能在上层建筑与经济基础的关系之内产生应有的功能。同时，个人思想的变化、世界观与价值观的改变以及他的一言一行也不只是受文学的影响，还是社会各方面因素综合的作用。同样，也不是因为有文学，才有模范人物的。文学就是文学，作为艺术形式的一种，也不可能代替其他的艺术形式，如音乐、美术、戏曲等来满足人们丰富多样的精神需要和审美趣味。文学有自己的特点，其功能只能在它本身的特点所可能产生影响的范围内发生。不能让文学担负那些超出自身功能范围和偏离其作用方式的社会重任。过分夸大文学的功能，势必影响文学审美性的正常发挥，限制作家的创作。我们不能给文学加上它不能承担的任务，使它承受过重的负担。

总而言之，文学的审美性不是孤立存在的，在这个系统中，任何一方面的意义都是以整体的存在为前提的，不能偏废。另外，文学功能的实现程度也因具体的个人、社会以及环境的不同而不同，要依具体情况而分析。对于文学的审美性，我们应当很好地去研究和探讨，充分地认识其规律，由此更好地探索文学自身的发展规律，为构建和谐的社会服务。

四、现代文学经验的审美

（一）文学经验的特性分析

文学体验是且仅是文学活动的一个层面，即便是作为轴心层面，它也无法代言"文学"。在由文学体验到"文学"的过程中，文学经验是其中的关键环节。文学经验是人们对"文学"的记忆和理解，这种记忆和理解是在人们的头脑中沉淀下来的，还没有被完全地系统化，它是对从这个概念中衍生出来的文学与之相处方式的掌握和理解。下面主要探讨文学经验的历史性与习得性。

1. 文学经验的历史性

历史性是指文学经验的纵向深度，从传播方式来看，文学有口头与书面之别。由于书面文学具有很高的可识别性和可重复性，在文学史乃至文明史上都比口头文学有更高的地位。因此，文学经验主要是基于与书面文学有关的各种知识和技能。在各种文字符号记载的文献中，"文学"实际上是一个逐渐突出的概念，同时因作为其承载媒介的文字符号在文明史上与少数人阶级挂钩的身份，"文学"观念的建构过程在很大程度上外显为少数人阶级对"经典"表单条目的增删添减工作。而文学经验作为熔炼"文学"观念的原料之一，主要产生于对"经典"文本的解读过程中，它们被融合成一个国家的文化记忆中的"经典"。可以说这部分文学经验已然成为文学经验的脊髓，并不断地确认着"经典"，同时制造者"新经典"，在"新经典"创作的历史进程中，有选择性地复制、强化和巩固自己。文学经验的积累需要从多方面吸收经验和"营养"。尽管文学经验是一种可以直接吸收的重要营养物质，但它绝不是文学经验的唯一营养来源。文学经验的历史性以"经典"的认定过程为例非常直观地说明了这一点。

2. 文学经验的习得性

习得性是文学经验的另一重要特性，与文学经验的历史性一样，它也是与文学体验得以衔接的重要原因。文学经验的习得性主要指的是在一定的文化环境中，能够学习和掌握与文学有关的知识和技能的特征，其大致可分为有意识和无意识两种方式。一种典型的有意识的方法是在教育体系中教授汉语语言文学课程中的相关知识，而无意识的方法包括文学作品自发欣赏中积累的混沌状态的文学经验和长期处于某种文学观念的宣传氛围中而不自觉地认同这一概念，甚至可能对个人文学经验的积累产生影响，即使是在道听途说和人云亦云的情况下。这些有意识或无意识地积累起来的文学经验，可以通过语言作为个人之间的信息进行传播，而不会在传播过程中造成过度的损失。因此，习得性使文学经验获得更多的社会现实的本质，而不是完全封闭在个体世界中的"心灵的自我对话"。一方面，它可以理解为文学经验与文学体验在社会性实现程度上的差异；另一方面，也可以理解为它们之间的可转让性差异。与文学体验相比，文学经验更接近于对"文学"的理论思考。

从文学经验的历史性和习得性来看，文学经验有其特性，是无法被文学体验所取代的。当然，文学活动中文学经验的直接性、生动性和不可重复性特征也是文学经验所不可比拟的，但对于文学本质界说这种理论行为而言，文学体验直接与文学本质对接也是不适宜的。然而，由于某些特殊情况的限制，文学经验往往不能对文学体验进行及时的总结和提炼。因此，可以简化当前特色明显的文学体验与"文学"的联系，突出文学体验的某些要素，作为特定历史阶段"文学"的象征。

（二）文学经验中审美话语

文学经验不等于文学体验的积累，文学经验和文学体验在字面上仅有一字之差，可是它们的内涵和外延却有很大不同。一般而言，经验是从实践中获得的知识或技能，通过"知识或技能"强调其可重复性；体验是通过实践了解周围事物；亲身经历过、体验过，通过这种"亲身经验"，强调其即时性、不可重复性。从这两个词的解释来看，"经验"基本上是"体验"的积累，即多次不可重复的体验可以积累成可重复的经验；通过日常生活和科技生产实践来衡量，"体验"在许多情况下积累"经验"，如"吃一堑，长一智"这句民间流传的谚语，如"实践出真理"的真理。其中的"长"和"出"都与"积累"意义上的"体验"和"经验"有关。然而，作为文学理论中的一个术语，这两个词语之间不可仅做简单的加法或乘法运算。"文学经验"并不意味着"文学体验"的简单叠加，前者将后者结合起来，更直接地与文学作品以外的因素相互关联，如时代氛围、文化模式等。文学经验是在各种社会关系趋同的背景下表达和描述对"文学"的理解的一种方式，它不全是一种暂时的"验"，而且是一种贯穿古今、融合中外的"验"，虽然它不如文学经验具体，但却比文学经验更具有影响深远的社会、历史和文化内涵。

在提及文学体验与文学经验的时候，一般是以文学体验为轴心来建构二者之间的关系，这使得人们很自然地将文学体验作为本身的蓄积过程来看待，以及将二者的交汇作为下一次文学体验展开的预备环节来看待。这一类处理文学体验与文学经验之间关系的方式，探寻其运思轨迹，主要依据的是将"文学"作为艺术品看待的观念。从物理形态上而言，艺术品往往是凭借相对封闭的轮廓线切断与外界的直接联系从而自成一体的静观对象，这一特征也是现代以来建构艺术观念的重要促成因素；而文学在文学作品的层面上具备上述特征，它有由语言文字符号连接而成的"轮廓线"，在"轮廓线"所包围起来的内部空间中，其层次丰富、结构深邃，能满足作为艺术品被静观的要求。这使得意象成为联结文学（诗歌）与艺术品之间最具象征意义的表述。对艺术品的恰当反应，在现代以来的艺术理论中大多被规定为"审美"。因此，在将文学归入艺术品行列时，审美体验自然也就被作为对文学恰当反应的轴心来看待。

作为一种与文学相处的方式，把审美体验看作文学体验的核心并与文学经验相衔接，这是相处方式上多元选择的自由；更何况这种与文学相处的方式，在将文学从文献队列中单列出来进而使其获得相对独立的地位的历史进程中发挥了不可小觑的作用。在由浪漫主义、唯美主义至形式主义一脉延续下来的处理文学与现实关系问题上的"超离"姿态，为现代意义上的文学的非功利性、"审美"概念的重要内涵提供历史合法性依据；反之，一路发展的独立的"文学"观念也加深了文学体验与审美的关系。以文学体验为轴心的文学活动，是个体面对"文学"时所生发的最直接的反应。

参考文献

[1] 曹迪．浅谈中国现代文学研究的接地性［J］．散文百家（新语文活页），2017，
    （6）：3．

[2] 陈琪．汉语修辞格的认知语用解读［J］．文教资料，2020（22）：1．

[3] 韩新．浅谈汉字的形体结构之美［J］．速读（中旬），2017（5）：256．

[4] 泓峻．现代汉语与现代文学关系的复杂性及现代文学观念在其中的作用［J］．首都
    师范大学学报（社会科学版），2008（5）：87．

[5] 金宏宇，杭泰斌．中国现代文学版本研究的新路径［J］．华中师范大学学报（人文
    社会科学版），2017，56（3）：84-92．

[6] 金宏宇．考证学方法与中国现代文学研究［J］．中国社会科学，2018，（12）：156．

[7] 金宏宇．朴学方法与现代文学研究［J］．中山大学学报（社会科学版），2009，49
    （3）：47．

[8] 金宏宇．现代文学的史学化研究［M］．武汉：长江文艺出版社，2018．

[9] 井凤芝，郑张清．语言学［M］．昆明：云南人民出版社，2012．

[10] 李明泽．现代汉语言新增词汇探究［J］．科技与企业，2013（24）：484．

[11] 李齐鑫．现代汉语与现代文学关系的复杂性与现代文学观念在其中的作用［J］．科
    教导刊，2011（17）：2．

[12] 李涌泉．中国现代文学研究的加减法［J］．世界华商经济年鉴·高校教育研究，
    2008（12）．

[13] 梁平．浅谈语言文化的内涵［J］．中国科教创新导刊，2011（11）：43．

[14] 刘梅．现代汉语言语法与词汇规范的对比分析［J］．南昌教育学院学报，2013
    （12）：42．

[15] 彭晓燕．语言的认知［J］．语文学刊：外语教育教学，2011（11）：5．

[16] 屈超．从词汇的角度品读现代汉语言受时代变迁的影响［J］．参花，2014
    （14）：140．

[17] 苏奎．中国现代社会转型与文学的演进［J］．兰州学刊，2020（10）：36．

[18] 田耿辉．现代汉语与现代文学的关系研究［J］．青春岁月，2012（13）：98．

［19］王佳琴．"五四"文学语言变革与文体渗透的现代型变［J］．南昌大学学报（人文社会科学版），2016，47（5）：118.

［20］王昭庆，黄姗姗，刘爱玲．现代汉语基础教程［M］．镇江：江苏大学出版社，2017.

［21］文旭．认知语言学事业［J］．外语与外语教学，2011（2）：5.

［22］夏静．文学思想史的"加法"与"减法"［J］．首都师范大学学报（社会科学版），2015，（5）：85-90.

［23］徐国强．论汉语修辞之美［J］．美育学刊，2014，5（4）：78.

［24］姚红卫．汉语基础教程［M］．上海：上海财经大学出版社，2015.

［25］尹奇岭．试论中国现代文学研究的接地性［J］．广东社会科学，2014，（6）：149-155.

［26］于宝萍．论词汇的系统性［J］．山东行政学院学报，2011（2）：148.

［27］于京一．文学的"减法"与"加法"——兼论先锋小说以来文学创作的哲理化倾向［J］．粤港澳大湾区文学评论，2020，（5）：93-99.

［28］郑燕芳．实用汉语基础教程［M］．北京：中国广播影视出版社，2019.

［29］周国霞．多维视角下现代文学与审美研究［M］．北京：北京工业大学出版社，2019.

［30］周颜丽．汉语词汇研究初探［J］．连云港师范高等专科学校学报，2013，30（2）：53.